WOLTER · CHINA-SPIEGEL

Gustav-Adolf Wolter

CHINA-Spiegel

Das Reich der Mitte in vier Jahrtausenden

Daten und Fakten aus seiner Geschichte

VERLAG E. S. MITTLER & SOHN GMBH · HERFORD

Wolter, Gustav-Adolf
CHINA-Spiegel
Das Reich der Mitte
in vier Jahrtausenden
Daten und Fakten
aus seiner Geschichte
1. Auflage, 1978, 140 Seiten

ISBN 3 8132 0010 8
© 1978 by Verlag E. S. Mittler & Sohn, GmbH, Herford (3)
Alle Rechte, insbesondere das der Übersetzung, vorbehalten
Umschlaggestaltung und Karten: E. A. Eberhard, Bad Salzuflen
Herstellung: Heinz Kameier
Satz und Druck: Druckerei H. Brackmann, Löhne
Buchbinderei: Hunke & Schröder, Iserlohn
Printed in Germany

Inhaltsverzeichnis

Verzeichnis der Karten

Vorwort

Eines der erregendsten Ereignisse unseres Jahrhunderts ist das »Erwachen Chinas«, sein Eintritt in die Reihe der großen Mächte der Welt und seine aktive Teilnahme an der Weltpolitik. Jeder, der an verantwortlicher Stelle steht, ist gezwungen, die Gewichte abzuschätzen und die Kräfte zu begreifen, die damit Einfluß auf die Weltpolitik gewinnen. Die Notwendigkeit, sich über China zu informieren, wird zwingend.

Einander oft widersprechende Nachrichten über das Land, sensationell aufgemachte oder parteiisch gefärbte Berichterstattung, Meldungen, in denen Randerscheinungen hochgespielt werden, meistens aus Unkenntnis der wirklichen Hintergründe, erschweren die Urteilsbildung.
Was ist das wirkliche China?
Es ist eine der Lebenshilfen der Geschichte, daß sie Gestalten, Tendenzen und Kräfte aus der Distanz sehen läßt. Sie erleichtert damit die Unterscheidung von Wesentlichem und Unwesentlichem, von Schwerpunkten und von Nebensächlichkeiten, von Beständigem und von Strohfeuern, vom Typischem im Leben eines Volkes und von Fremdeinflüssen.

China ist nicht der älteste uns bekannte Kulturkreis; es hat ältere gegeben. Was die Einzigartigkeit Chinas und der chinesischen Geschichte ausmacht, ist die ungebrochene und kontinuierliche Entwicklung dieses Landes und seiner Kultur bis zur heute noch lebendigen und kraftvollen Existenz – trotz gewaltiger, spannungsvoller innerer Bewegungen und äußerer Bedrohungen. Die Geschichte Chinas ist die Geschichte von Völkern mannigfaltiger Herkunft. Die Auseinandersetzungen unter ihnen, die jeweiligen Einschmelzungen und gegenseitigen Befruchtungen haben viel zur Bildung des »Reiches der Mitte« beigetragen.

Das vorliegende Buch ist ein Nachschlagewerk. Es will in kurzen und telegrammstilartigen Sätzen nur eine Übersicht über die Geschichte Chinas geben und eine schnelle Information über die wesentlichsten Begebenheiten, Erscheinungen und Tendenzen der chinesischen Vergangenheiten ermöglichen. Die bei vielen Historikern übliche Einteilung nach Dynastien wird übernommen. Anspruch auf wissenschaftliche Eigenarbeit wird vom Verfasser nicht erhoben, auch nicht auf Vollständigkeit. Viele Einzelzüge, die der chinesischen Geschichte große Farbigkeit und Bewegtheit verleihen, mußten entsprechend der Anlage des Buches beiseitegelassen werden. Der Verfasser glaubt, daß trotz der Kürzungen die Hauptlinien der Entwicklung sichtbar geblieben sind.

Den kulturellen Erscheinungen wird ein besonderer Akzent zuteil, da die geistigen und künstlerischen Kräfte des chinesischen Volkes bei der Entwicklung und Festigung des Reiches trotz gefährlichster Bedrohungen von außen eine wesentliche Rolle gespielt haben.

Die Schreibung der Namen folgt der Umschrift von Wade-Giles mit Ausnahme der Namen, deren Schriftbild sich im deutschen Sprachgebrauch eingebürgert hat.

Im Oktober 1978   Der Verfasser

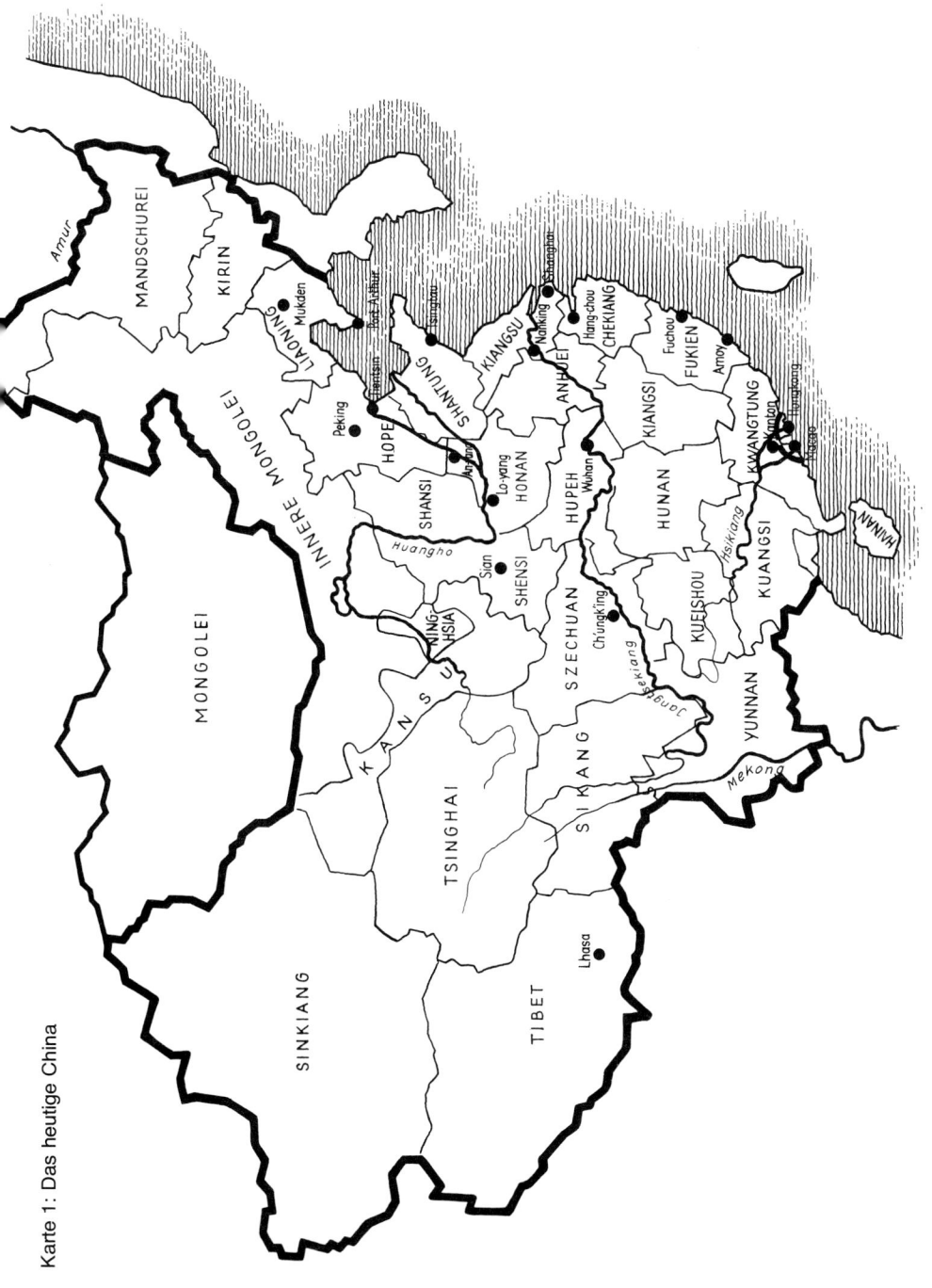

Karte 1: Das heutige China

11

Die Anfänge

Die Anfänge der chinesischen Geschichte verlieren sich wie bei anderen Völkern im Dunkel. Mythen und Legenden nehmen den Raum ein. Sie berichten, nachdem die Trennung von Himmel und Erde vollzogen war, von Kaisern und übermenschlichen Heroen. Lange Zeit gehörten sie zur traditionellen Geschichtsschreibung, bis sie als Projektionen von rückwärtsgewandten Wunschvorstellungen erkannt wurden. In einem geschichtlichen Überblick brauchten sie nicht genannt zu werden, wenn einige dieser Erzählungen nicht zu grundlegenden Elementen der chinesischen Kultur geworden wären. Sie erhielten Symbolcharakter für »ideales Herrschertum«. »Fünf Kaiser«, »Heilige Herrscher« oder »Gelbe Kaiser« haben sich in der Überlieferung herausgeschält. Sie sollen die Schrift, die Heilkunde, die Seidengewinnung und Keramikherstellung, das Spinnrad »erfunden« haben und Erziehung, Opferriten, Ehe, Kultivierung zwischenmenschlicher Beziehungen und die geordnete Staatsverwaltung eingeführt und dadurch China auf eine alle anderen Völker überragende Kulturhöhe gebracht haben.

Genannt werden besonders **Huang-ti, Chuan-hsü, K'u, Yao** und **Shun**. Gelebt haben sollen sie im 4. bis 3. vorchristlichen Jahrtausend. Shun ernannte als seinen Nachfolger den »Flußregulierer« **Yü**, der als Begründer der ersten Dynastie, die der **Hsia**, gilt, welche mit 17 Herrschern bis zum 16. Jahrhundert v. Chr. regiert haben soll. Abgelöst wurde sie durch die *Shang*-Dynastie, über die auf Grund von Ausgrabungen, kombiniert mit literarischen Quellen, die ersten einigermaßen sicheren historischen Erkenntnisse vorliegen.

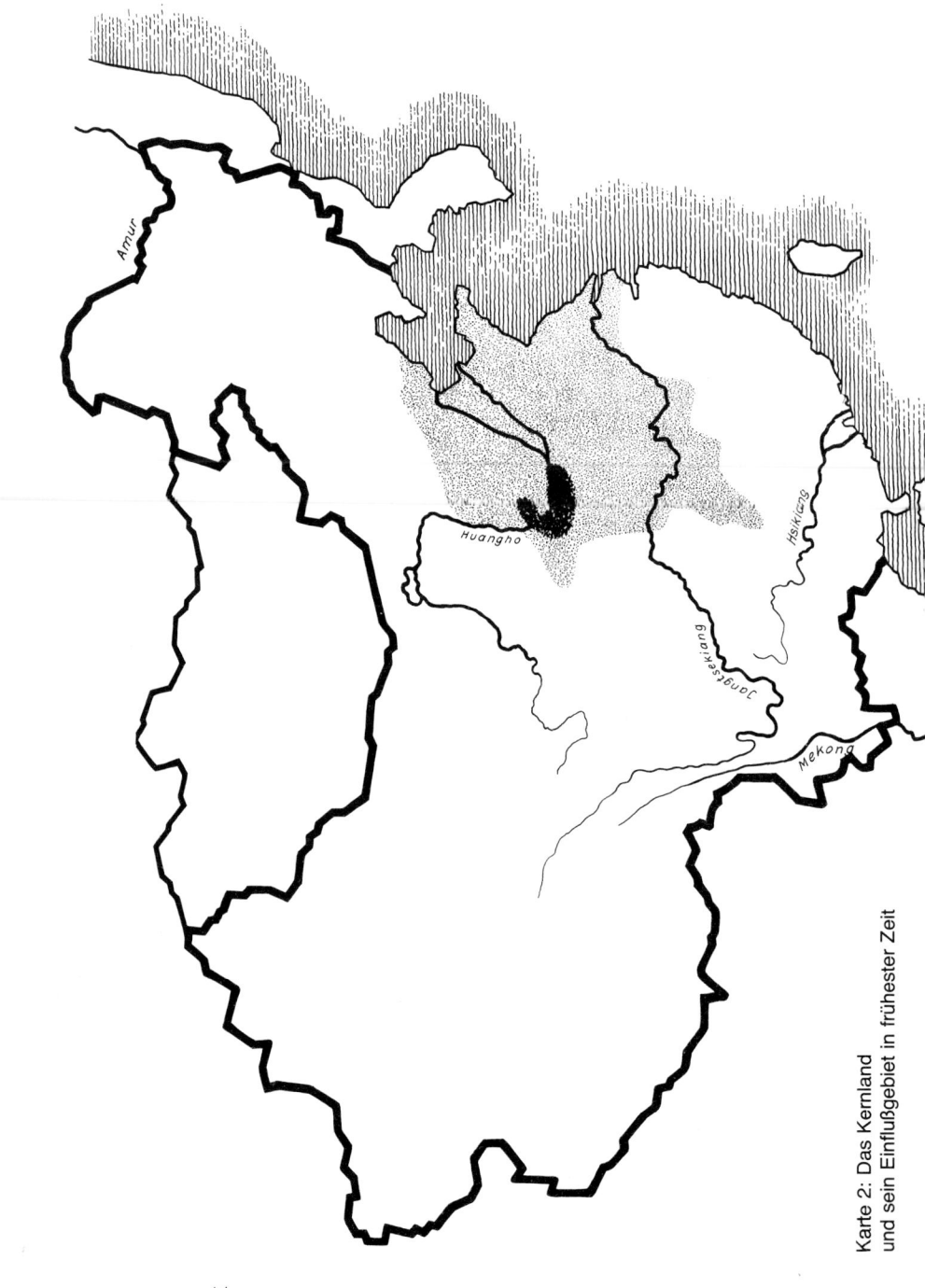

Amur

Huangho

Hsikiang

Jangtsekiang

Mekong

Karte 2: Das Kernland
und sein Einflußgebiet in frühester Zeit

Chinesische Vor- und Frühgeschichte

Die Frühgeschichte des chin. Volkes, d.h. der Zeitraum seiner Vergangenheit, in welchem es noch keine schriftlichen Quellen gab, ist nur wenig aufgehellt. Soweit Erkenntnisse vorliegen, verdanken wir sie der Archäologie.

Die ältesten bisherigen Funde aus der Altsteinzeit lassen keine Schlüsse auf typische Besonderheiten gegenüber anderen Kulturkreisen zu. Eine Eigenständigkeit scheint sich erst in der Jungsteinzeit mit der Einführung der planmäßigen Nahrungsbeschaffung durch Ackerbau und Viehzucht in den fruchtbaren Ebenen des *Huangho,* des Gelben Flusses, abzuzeichnen. Bald lassen sich bestimmte Schwerpunkte der Entwicklung feststellen.

Über Herkunft des Volkes, über mögliche Rassenvermischungen und kulturelle Fremdeinwirkungen liegen keine einhellig gesicherten Kenntnisse vor.

ab 5000 v. Chr.

Die frühgeschichtlichen Kulturen

In der Jungsteinzeit kennt man vier Schwerpunktkulturen; sie sind bestimmten geographischen Räumen zugeordnet:

Vermutlich als älteste die **Yang-shao-**Kultur in der heutigen Provinz Shensi,

die **Kansu-Kultur** am Oberlauf des Huangho, besonders im Gebiet des T'ao-ho,

die **Lung-shan-Kultur** in der Provinz Honan, in dem südlichen Hopei, dem nördlichen Kiangsu und in Shantung,

die **Hsiao-t'un-Kultur** in der Provinz Shansi. Der letztgenannte Kulturkreis wird nach Aufsaugung mehrerer Lokalkulte vorherrschend und gilt bei den meisten Historikern als Vorstufe zur ersten geschichtlich erfaßbaren Kultur, zu der der **Shang-**Dynastie.

etwa ab 2000 v. Chr.

Danach wäre das Tal des *mittleren* Huangho als Wiege Chinas und der chin. Kultur anzusehen. Einige Wissenschaftler sehen die Lung-shan-Kultur als Ausgangspunkt an.

Frühzeitiger Austausch zwischen den einzelnen Kulturkreisen ist erkennbar.

Anfangs Werkzeuge und Geräte aus Stein und Knochen; allmähliche wachsende Kenntnis der Bronzeverarbeitung. Seßhafte, viehzüchtende und ak-

ab 1500 v. Chr.

kerbautreibende Bevölkerung in Dörfern mit Arbeitsspezialisierung, die sich deutlich von den Hirten- und Jägervölkern in den Randgebieten abhebt.

Stammesführer üben die Herrschergewalt aus.

Älteste auf chin. Boden gefundene Spuren menschlichen Lebens stammen aus einem Gebiet südwestlich Pekings: der **Peking-Mensch** oder *homo erectus pekensis*, Schädel- und Skelettreste von etwa vierzig Frühmenschen, die vor etwa 500 000 Jahren gelebt haben. (Die Funde wurden 1940 während des chin.-japanischen Krieges in die Obhut der amerikanischen Marine gegeben, seitdem sind sie nicht mehr auffindbar.) Diese spärlichen Funde aus der *älteren Steinzeit* und ähnliche in den Provinzen Kansu und Shensi zeugen nur von einer frühen Besiedlung dieser Gebiete. Ein Zusammenhang mit den historischen Chinesen ist nicht nachweisbar. Diese entwickeln sich wahrscheinlich im Gebiet des Huangho durch Vermischung von Menschen verschiedener Herkunft; sie wachsen zu einem Volk von außerordentlicher Zähigkeit, Gestaltungskraft und Vitalität zusammen, das fähig ist, alle Fremdeinwirkungen aufzusaugen, ohne seine Eigenständigkeit zu verlieren.

Überblick über die historische Zeit

Der nachfolgende Überblick schließt sich der üblichen Einteilung in *Altertum, Mittelalter, Neue Zeit* und *Neueste Zeit* an. Er soll der leichteren Übersicht dienen, indem er größere Zusammenhänge umfaßt und deutliche Zäsuren kennzeichnet. Es gibt Sinologen und chin. Historiker, die auch andere Akzente setzen. Die Einteilung nach Dynastien entspricht der lange Zeit gebräuchlichen chin. Chronologie.

Das Altertum

Von der *Shang*-Dynastie als der ersten historisch einigermaßen gesicherten Regierungsfolge bis zur Einigung des Reiches am Ende der Feudalzeit bzw. bis zum Eindringen des Buddhismus unter der *Han*-Dynastie.

um 1500 v. Chr.
221 n. Chr.

Das Altertum umfaßt die Zeit
der **Shang/Yin-Dynastie**   um 1500 – um 1000 v. Chr.,
der **Chou-Dynastie**   um 1000 – 481 v. Chr.,
der **»Streitenden Reiche«**   481 – 221 v. Chr.,
der **Ch'in-Dynastie**   221 – 206 v. Chr.,
der **Han-Dynastie**   206 v. Chr. – 221 n. Chr.

Eine genauere Datierung ist erst seit 827 v. Chr. auf Grund einer Kombination von schriftlichen Quellen mit astronomischen Berechnungen möglich.

Das Mittelalter

Vom Ende der Han-Zeit bis zu den ersten Berührungen mit europäischen Mächten im 16. und 17. Jahrhundert.

221 n. Chr.
bis 1644

Das Mittelalter umfaßt die Zeit
der **»Drei Reiche«** und
der **Trennung zwischen Nord und Süd**   221 – 589,
mit den **»Sechs Dynastien«**,
der **Sui-Dynastie**   589 – 618,
der **T'ang-Dynastie**   618 – 906,
der **»Fünf Dynastien«**   907 – 960,
der **Sung-Dynastie**   960 – 1279,
der **Yüan-** oder **Mongolen-Dynastie** 1279/80 – 1368,
der **Ming-Dynastie**   1368 – 1644.

Die Neuzeit

1644 bis **1949**   Vom Zusammentreffen mit den europäischen Mächten, von der Einbeziehung Chinas in die weltpolitischen Machtkämpfe bis zur Abschaffung der Monarchie und zu der Wiederbesinnung Chinas auf seine eigene Kraft.

Die Neuzeit umfaßt demnach die Zeit
der **Ch'ing-** oder **Mandschu-**Dynastie   1644 – 1911,
der **Revolution Sun Yat-sens** bis
zum **Sieg Mao Tse-tungs**   1911 – 1949

Die neueste Zeit

Das **China Mao Tse-tungs** seit der Proklamierung
der Volksrepublik China am   1. Oktober 1949
1976   und **China nach Maos Tod.**

18

Das chinesische Altertum

Die Shang-Dynastie

Mit der Shang-Dynastie beginnt die allgemein anerkannte Geschichte Chinas, da erst seit dieser Zeit auf Grund archäologischer Funde in Verbindung mit literarischen Quellen einigermaßen zuverlässige Einblicke in die damaligen Verhältnisse möglich sind.

um 1500 – 1000 v. Chr.

Die literarischen Quellen sind Tierknochen und Schildkrötenschalen, die zur Orakelbefragung beschrieben worden waren. Man ließ sie über Feuer ausdörren; aus den sich bildenden Sprüngen, die die Schrift der gestellten Frage kreuzten, wurden Antworten für die Zukunft gedeutet. Über 100 000 mit Fragen und z.T. auch mit Antworten versehene Knochen sind bisher gefunden worden, meistens über Ernteaussichten, Jagd, Krieg, Familienverhältnisse.

Während der Zeit dieser Dynastie entwickeln sich schon Elemente, die für die chin. Kultur in den nachfolgenden Jahrtausenden charakteristisch geworden sind:

die *Schrift* als Vorform der heute noch gebräuchlichen,

das *Königtum* als Vorläufer des den Zusammenhalt verbürgenden Kaisertums,

die *Ahnenverehrung,*

der *Beamten-* bzw. Funktionärsstaat, Stil und Inhalt der *Ornamentik.*

Seit Errichtung der Residenz in der Nähe des heutigen *An-yang* auch *Yin-*Dynastie genannt nach der damaligen Benennung von Stadt und Landschaft.

um 1300 v. Chr.

Über die Entstehung des Staates ist kaum Zuverlässiges bekannt. Als Ahnherr wird ein gewisser **T'ang** genannt, der den letzten überaus unfähigen Herrscher der *Hsia-Dynastie* abgelöst haben soll. Ihm folgen 30 Herrscher mit dem Titel *Der Allererste;* von einigen Sinologen schon als Kaiser-Titel verstanden, von den meisten erst als Königs-Titel zum Unterschied zu dem Kaiser-Titel der späteren Reichsgeschichte. Über die Macht und Stellung des *Allerersten* nur wenig bekannt, außer daß er als *Sohn des Himmels =* Sprecher des Himmels an die Menschen zwar nicht von göttlicher Natur, aber dem Himmel am nächsten und über allen Menschen stehend, oberster Priester und Verkünder der Himmelsordnung ist mit der Pflicht zu den Hauptopfer- und Hauptritualhandlungen.

Aus den Besitzern von lange Zeit in China noch sehr seltenen Pferden wie aus den unmittelbaren Gehilfen des Königs entsteht eine *Oberschicht* mit

Gesellschaftlicher Aufbau

verschiedenen Rangstufen, in denen die Anfänge des späteren Beamten- bzw. Funktionärsstaates gesehen werden. Ihre wirtschaftliche Grundlage ist der Landbesitz, oft mit dem Bestreben nach regionalen Machtmittelpunkten. Diese Oberschicht wird oft mit dem Adel europäischer Prägung verglichen.

Die *Bauern* bilden den zweitwichtigsten Stand, da der Ackerbau die Grundlage der gesamten Gesellschaft ist; wieweit die Bauern als frei oder leibeigen anzusehen sind, ist nicht klar. Sie können von königlichen Beauftragten zu nicht-bäuerlichen Dienstleistungen, besonders zu Flußregulierungen, herangezogen werden.

Die *Handwerker,* vornehmlich in den Städten wohnend, schaffen Güter des täglichen Gebrauchs.

Die *Priester* sind schriftkundig; zu ihren Aufgaben gehört das Verkünden der Orakelsprüche, wodurch sie am Hof zeitweise politische Macht ausüben. Außerdem assistieren sie dem König und den Gebietsherren der Oberschicht bei der Darbringung der Opfer. Neben ihnen männliche und weibliche *Schamanen* zum Austreiben von Krankheitsdämonen, zu Geisterbeschwörungen und Ausübung des Regenzaubers mit den Mitteln von Musikzeremonien und Tanzekstasen.

Händler und *Ladenbesitzer* werden mit Mißtrauen betrachtet, sie stehen am Rande der Gesellschaftsordnung. *Sklaven,* vorwiegend Kriegsgefangene oder verelendete Bauern, sind als Arbeitskräfte ein wichtiger Wirtschaftsfaktor.

Religion

Die ältesten Götter sind Fruchtbarkeitsgötter; der Kult ist darauf abgestellt, den harmonischen Ablauf der Natur zu erhalten. Der Himmel, als Obergott *Shang-ti* bezeichnet, ist vor allem Herr über das Wetter; am Ende der Dynastie tritt der Name *T'ien* auf. Daneben viele Lokal- und Naturgottheiten, von denen persönliches Wohlergehen, gute Ernten und Schutz vor regionalen Naturkatastrophen abhängen.

Menschenopfer sind durch viele Funde belegt; am Ende der nachfolgenden Chou-Zeit werden sie abgeschafft, Ersetzung der Opfer durch Abbilder aus Stroh oder Holz.

Eine mächtige Geisterwelt bilden die *Ahnen* der früheren Könige, Helden und Weisen und die der eigenen Familie. *Ahnenkult* zu dem Zweck, die Gunst der Verstorbenen zu erhalten oder neu zu gewinnen. Unterbleibt der Ahnenkult, können die Verstorbenen zu bösen Dämonen werden. Ausübung des Kults nur durch die männlichen Nachkommen, daher die Hochschätzung männlicher Nachkommen.

Kultur

Kennzeichen der Kultur, die den Shang-Leuten eine deutliche Überlegenheit gegenüber den Nachbarvölkern gibt, sind die Verwendung der Schrift, die Kenntnis der Bronzeverarbeitung, der Gebrauch des Pferdewagens und der Städtebau.

20

Die auf den Orakelknochen verwendete *Schrift* besteht aus etwas mehr als 2000 Schriftzeichen (für einfache Bedürfnisse ist heute die Kenntnis von 2000 Zeichen erforderlich, für das Lesen von Zeitungen 3–4000); sie sind klar erkennbar als Vorstufen für die heutigen Schriftzeichen.

Aus *Bronze* sind Waffen, Schalen und Kultgeräte, wie der häufig gefundene Dreifuß, mit mehr oder minder abstrakter *Ornamentik* (Rankenmuster, Tiere, vorwiegend Drachen, Schlangen, Elefanten, Tiger und Fabelwesen; vermutlich nach magischen Vorstellungen einer Bauernkultur, deren Symbolik kaum noch zu deuten ist, die aber bis in die Gegenwart nachwirkt). Im täglichen Leben noch lange Gebrauch von steinernen Geräten und Tongefäßen. Letztere noch einfache graue Keramik, aber auch schon blendend weiße, stark kaolinhaltige, die dem Porzellan nahekommt.

Der *Pferdewagen mit Speichenrädern,* nach Funden in den königlichen Gräbern bei An-yang, ist als Streitwagen in der Kriegführung eine überlegene, bei den Nachbarn nicht bekannte neue Waffe. Zugleich ist der speichenrädrige Wagen als Transportmittel ein erheblicher verkehrstechnischer Fortschritt. Inwieweit Pferd und Wagen aus der Berührung mit vorderasiatischen Kulturen übernommen wurden, ist nicht geklärt.

Funde von *Textilien* lassen den Schluß auf einen hohen Stand der Webetechnik von Hanf und Seide zu, die den Nachbarvölkern ebenfalls fremd ist. Ähnlich beeindruckend ist die seit dem 13. vorchristlichen Jahrhundert bekannte Einteilung des *Kalenderjahres* in 365 $\frac{1}{4}$ Tage.

Musikausübung bei den höfischen Tanzzeremonien auf einer fünfseitigen Zither mit veränderbarer Stimmung neben den Glocken, Trommeln und Flöten, die bei den Schamanen in Gebrauch sind.

Städte von beachtlicher Größe müssen vorhanden gewesen sein; berichtet wird von achtmaliger Verlegung des Königssitzes. Durch Ausgrabungen seit 1952 wurden z.B. festgestellt: **Ao** nahe der heutigen Stadt Cheng-chou in Nord-Honan als rechteckige Anlage mit 2 km Länge von Nord nach Süd und 1,7 km Breite von Ost nach West, eingeschlossen von einem über 20 m dicken Wall aus Stampflehm; **P'an-keng** in der Nähe An-yangs und eine Stadtanlage zwischen Cheng-chou und Lo-yang, die vermutlich die Hauptstadt des ersten Shang-Herrschers gewesen ist*.

Die geographische Ausdehnung des Shang-Gebietes nur in großen Umrissen erkennbar. Mittelpunkt ist die Ebene des mittleren Huangho; von dort aus kulturelle und auch gewaltsame Einflußnahme auf die östlichen Ebenen bis nach Shantung und Kiangsu, nach Westen in die Täler von Süd-Shensi und Südwest-Honan.

Aus dem letztgenannten Gebiet kommt die Rebellion der *Chou,* die zum Sturz der Shang-Dynastie führt.

Ausdehnung

---

* Frühjahr 1978 wurde bei Ausgrabungen eine weitere, vermutlich aus dieser Zeit stammende größere Stadt in der Provinz Shantung gefunden.

Die Chou-Dynastie und die Zeit der »Streitenden Reiche«

um 1000 –
221 v. Chr.

Die Shang-Dynastie, die Chou-Dynastie und die folgende Zeit der »Streitenden Reiche« gehören insofern zusammen, als in diesem Zeitraum die Grundlagen für das kulturelle und politische Zusammenwachsen des chin. Volkes gelegt werden.

Von besonderer Bedeutung ist das *Erwachen des philosophischen Denkens* und das Auftreten von Philosophen, deren Gedanken bis in die Gegenwart nachwirken. Ihr Auftreten fällt mit dem Abstieg der Chou-Dynastie zusammen. Die mit dem politischen Wandlungsprozeß verbundene allgemeine Unruhe und Unsicherheit läßt die Menschen nach neuen Autoritäten und nach einer neuen Weltordnung suchen. In der chin. Geschichtsschreibung wird dieser Abschnitt der Geschichte Chinas die Zeit der »*Hundert Blumen*« genannt.

Bis zur ersten Hälfte der Chou-Zeit ist wie in der vorhergehenden Shang-Zeit die Datierung noch unsicher. Einigermaßen sichere Daten liegen durch Bezugnahme von Ereignissen auf Mond- und Sonnenfinsternisse erst seit 827 v. Chr. vor. Auch von da ab ist manches noch nicht mit Sicherheit einzuordnen.

Politische Entwicklung während der Chou-Dynastie

um 1000–481 v. Chr.

Die **Chou,** ein Volksstamm des Hügellandes von Ost-Shensi, unter dem Einfluß der Shang stehend, wenden sich gegen deren Bevormundung, vernichten die Shang-Macht und eignen sich das Shang-Gebiet an. Der Stammesführer **Wu** gründet die Chou-Dynastie und nimmt den chin. Königstitel an. Er und sein Stamm übernehmen auch die Shang-Kultur, die selbst eine Bereicherung erfährt, da die Chou in enger Berührung mit asiatischen Westvölkern stehen.

Als Belohnung für die Hilfe bei der Eroberung des Shang-Reiches gibt Wu verdienten Gefolgsleuten große Teile des Landes als Lehnsgüter. Aufbau eines *feudalistischen Systems.* Anfänglich noch wirksame Machtstellung des Königs; ab dem 9. Jahrhundert v. Chr. aber sinkender Einfluß gegenüber den Selbständigkeitsbestrebungen der Feudalherren. Der König schließlich nur noch Spielball in ihren Rivalitätskämpfen um eigene Machterweiterung; ihm bleibt nur noch die sakrale Funktion, durch sorgfältige Beachtung von Zeremonien und Riten für die Erhaltung der Harmonie zwischen Himmel und Erde und für die Beständigkeit des jahreszeitlichen Ablaufs Sorge zu tragen. Dabei vertritt der König das Volk in seiner Gesamtheit und wird Symbolfigur für die Einheit des Volkes. Zuweilen Ausweitung dieser Vorstellung im universalen Sinne, indem in dem König das Oberhaupt und der Vertreter der *ganzen* Menschheit gesehen wird.

22

Da der König wegen seiner Machtlosigkeit nicht mehr in der Lage ist, seine Hauptstadt vor Nomadeneinfällen aus dem Westen zu sichern, Verlegung der Hauptstadt ostwärts nach *Lo-yang.*

um 770 v. Chr.

Nach Ausschaltung zahlreicher schwächerer Lehnsfürsten bleiben nur noch sieben große Rivalen, von denen sich jeder den Königstitel zulegt. Die sieben »Königreiche« sind:

Politische Entwicklung während der Zeit der »Streitenden Reiche«

Ch'i	im Norden der großen Ebene als reichster Staat,
Ch'u	am mittleren Yangtse mit der größten Ausbreitung nach Süden,
Han	im Südosten am Südufer des Huangho,
Wei	als östlicher Nachbar von dem Ch'in-Staat,
Chao	im Norden mit dem Mittelpunkt der heutigen Provinz Shansi,
Yen	hoch im Norden um das Mündungsgebiet des Huangho,
Ch'in	im Gebiet zu beiden Ufern des Wei-Flusses.

481–221 v. Chr.

Das Ch'in-Reich unterwirft mit den erstmalig aus dem Westen eingeführten Waffen aus Eisen und mit besserer verwaltungstechnischer und militärischer Organisation unter seinem Oberhaupt **Cheng** seine sechs Rivalen. Nach Absetzung des machtlosen Chou-Königs wird Cheng Begründer der Ch'in-Dynastie.

221 v. Chr.

Während der Zeit dieser inneren Kämpfe vier in die Zukunft weisende bedeutsame Veränderungen:

1. Zur eigenen Machterweiterung dehnen die Lehnsfürsten an den Randgebieten ihre Grenzen aus: im Osten bis zum Meer, im Süden über das Stromgebiet des Yangtse hinaus, im Westen bis zum heutigen Szechwan. Die Unterworfenen nehmen schnell die Shang-Chou-Kultur an und werden zu »Chinesen«, da die Übernahme chin. Lebensgewohnheiten entscheidender für die Zugehörigkeit zum chin. Volk wird als rassische Abstammung.

2. Die inneren Kämpfe verlocken die Nomadenvölker im Norden, die wegen erheblicher Klimastürze nach neuem Lebensraum suchen, zu Einfällen in die im Norden gelegenen chin. Lehnsfürstentümer; zum Schutz gegen diese Grenzbedrohungen Bau von Grenzwällen und Forts, die als die Anfänge der »Großen Mauer« angesehen werden können.

Karte 3: China zur Zeit
der »Streitenden Reiche«

3. In der durch die ständigen Rivalitätskämpfe, Kriege und Grenzbedrohungen bedingte allgemeine Unsicherheit und Not Zurücktreten regionaler Unterschiede und erstes Erwachen des Bewußtseins von der Zusammengehörigkeit auf der Grundlage gemeinsamen Schicksals, gemeinsamer Sitten und Lebensgewohnheiten. Einige Historiker beurteilen diese Zeit daher als eine Stufe der Entwicklung vom Stammesgruppentum zum Reichsgebilde.

4. Die gemeinsame Unruhe, Unsicherheit und Not veranlassen die Menschen, nach neuen Autoritäten zu suchen und über eine neue Weltordnung nachzudenken; es beginnt die Zeit der großen Philosophen Chinas.

Bildung des *Feudalherrentums* auf Grund großzügiger königlicher Belehnungen mit dem Recht zur unumschränkten Machtausübung im jeweiligen Gebiet und zur Organisation von Unterlehen und Untervasallen.

Gesellschaftlicher Wandel

Die Mehrzahl der *Adeligen* aus der voraufgegangenen Dynastie ist durch die ständigen Kriege verarmt. Sie dienen jetzt als Offiziere oder als politische Berater und Verwaltungsfachleute unter den Chou und später an den Höfen der »Streitenden Reiche«. Fortsetzung der unter den Shang begonnenen Bildung der für die chin. Gesellschaft typischen Beamtenklasse, die wesentlich für die kulturelle, politische und wirtschaftliche Entwicklung Chinas wird.

Obwohl die Zugehörigkeit zu dieser Schicht ursprünlich auf Abstammung beruhte, öffnet erworbene Bildung, die hoch bewertet wird, auch Außenstehenden den Zugang zu ihr. Ausbildung in Mathematik, Musik, Poesie, Bogenschießen und vor allem in der Beherrschung der Riten und Zeremonien. Aus dieser Schicht geht eine geistige, künstlerische und literarische Elite hervor, auf die die Chinesen seitdem besonders stolz sind und deren Vertreter mehr geachtet werden als die Pioniere der praktisch-technischen Lebensbewältigung und Lebenserleichterung.

Zusammenschluß der Adeligen in *Großfamilien* oder Sippen zu Schutz- und Hilfsorganisationen in den Zeiten der Unsicherheit mit dem Ahnentempel als Mittelpunkt.

Wie Verarmung der Adeligen so auch Verarmung der *Bauern;* die meisten sinken in die Hörigkeit ab mit der Verpflichtung zu regelmäßigen Abgaben und Fronarbeiten für die Feudalherren; Heranziehung zum Bau von Befestigungen und Deichen, zu Flußregulierungen oder Trockenlegung von Sümpfen zur Neulandgewinnung u.ä.

Wachsendes Ansehen der *Handwerker* (Keramiker, Zimmerer, Tischler, Jadeschneider, Bronzeschmiede und besonders nach Erfindung der Eisengewinnung die Eisenschmiede).

Durch die aufkommende Geldwirtschaft – Zahlungsmittel sind runde Bronzescheiben, später Kupfer – wirtschaftlicher Aufstieg des *Kaufmannsstandes* mit Angleichung an den adeligen Lebensstil; Kapitalanlage ist meistens der Erwerb von Grundbesitz. Die Kaufleute werden von den Feudalherren häufig mit der Abgabeneinziehung beauftragt. Da sie damit einen genauen Überblick über die wirtschaftliche Leistungsfähigkeit eines Gebietes gewonnen haben, rücken manche von ihnen als erste Finanzfachleute in die Schicht der Beamten auf.

Neu ist der Stand der *wandernden Gelehrten,* die von Hof zu Hof ziehen als Berater in Fragen der Tradition, der Sitte und des Ritus; die meisten hervorgegangen aus dem Priesterstand, der seit der Chou-Zeit seine Bedeutung verloren hat. Schamanen und Dämonenaustreiber bleiben Bestandteil der Volksreligion.

Religion

Die alten Volksgötter werden zu »Lehnsmännern« des obersten Himmelsgottes, der den Zusatz Huang = »erhaben, majestätisch« erhält, um seine umfassende Herrschaft über Natur und Menschenwelt auszudrücken. Exaktheit bei der Ausführung gottesdienstlicher Riten tritt in den Vordergrund, ebenso wie bei der Beachtung des Ahnenkultes. *Korrekte Haltung* wird ein wichtiger Leitbegriff nicht nur im Religiösen, sondern auch im Zusammenleben der Menschen mit Ritualisierung der Umgangs- und Grußformen und der Konversation.

Mit der Betonung des Formalen allmähliche *Reduzierung des Religiösen* auf bloß ethische Gehalte, verbunden mit Verblassen der Göttervorstellung. Auch keine über sittliche Normen hinausgehende Vorstellung über das Verhältnis von Gott und Mensch.

Die sich anbahnende formalistische Einstellung führt auch dazu, daß es nicht mehr unwiderrufliches Recht des Königs ist, als »Sohn des Himmels« Mandatsträger der Herrscherwürde zu sein. Beim Versagen des Königs, besonders bei fehlender Gerechtigkeit und Güte, ist Aufstand gegen ihn als Auftrag und Strafe des Himmels erlaubt.

Erweiterung der Ahnenvorstellung durch Annahme zweier Seelen im Menschenkörper: der körperlichen Seele, die sich mit dem Tode auflöst, und der Persönlichkeitsseele, die so lange weiterlebt, wie Menschen ihr opfern. Menschenopfer sind seit der Chou-Zeit verboten.

Philosophie

Der Verfall der Chou-Dynastie, die Feudalherrenkämpfe, die dem Volk Lasten und Not bringen, die Unruhe durch aufkommende Geldwirtschaft und neue Arbeitsverhältnisse bedingt durch Eisenverarbeitung veranlassen Menschen, nach neuen Lebensinhalten, Werten und Lebensformen zu suchen. Die Denker dieser Zeit entwickeln die *geistigen Grundlagen,* die in der Zukunft für die chin. Gesellschaftsordnung und für die chin. Kultur bestimmend werden.

Charakteristische Merkmale der chin. Philosophie sind seitdem:

1. Im Vordergrund stehen Fragen des menschlichen Zusammenlebens und der idealen Ordnung, d.h. Fragen nach dem »richtigen« Verhalten, dem be-

sten Recht, der besten Staatsform. Kaum Interesse für metaphysische und ontologische Probleme; Glück nur auf Erden zu finden, nicht in einem ungewissen Jenseits; ausgesprochenes Diesseitigkeitsdenken.

2. Ganzheitsdenken, d.h. keine grundsätzliche Trennung von Geist und Materie, Seele und Leib, Subjekt und Objekt; dafür die Anschauung von der Polarität als Lebensprinzip.

3. Keine abstrakt-deduktive Abhandlungen oder Systeme, sondern Belehrung mittels Lehrgespräche und Veranschaulichung durch Anekdoten aus der Geschichte oder durch Beispiele aus dem täglichen Leben.

Die Hauptphilosophen dieser Zeit und ihre Gedanken sind:
K'ung-fu-tzu, latinisiert durch die Jesuiten im 17. Jahrhundert am Pekinger Hof in **Konfuzius**. Von ihm selbst keine Aufzeichnungen erhalten. *Lun-yü* = »Erörterungen und Gespräche« berichten als angebliche Aufzeichnungen seiner Schüler über Dialoge, die Konfuzius mit ihnen gehalten haben soll. Ihm später zugeschrieben oder von ihm als veranlaßt angesehen werden:

551–479 v. Chr.

Li-chi	= »Buch der Riten«,
I-ching	= »Buch der Wandlungen«, ein Wahrsagebuch,
Shih-ching	= »Buch der Lieder«, eine Sammlung von alten Volksliedern und Hymnen,
Shu-ching	= »Buch der Urkunden«, vermutlich die älteste literarische Quelle für die Geschichte Chinas,
Ch'un-ch'iu	= »Frühlings- und Herbstannalen«, eine kurzgefaßte Geschichte für die Zeit von 722 bis 481 des kleinen Lehnsstaates Lu, des Heimatlandes des Konfuzius

Diese Schriften gelten als kanonisch für den Konfuzianismus.

Grundlage seiner Lehre ist der Glaube an ein *Goldenes Zeitalter* der Tugend und Gerechtigkeit und an die Möglichkeit zur Heilung einer verderbten Gegenwart durch Wiederbelebung der Tradition.

Wenn auch über die Gesamtheit seiner Lehre die Meinungen der Sinologen auseinandergehen, so sind doch sechs Grundanschauungen erkennbar. Sie betreffen das »richtige« Verhalten:

1. Fragen nach den Göttern und nach dem Jenseits sind nutzlos; sie führen zu nichts.

2. Gesetzmäßigkeiten und Abstufungen im Kosmos sind Vorbilder für die Ordnungen und Pflichten der Menschen auf Erden.

3. Der Einzelne, der grundsätzlich erziehbar ist, bedarf der Führung und Unterweisung zum Wohl des Ganzen; diese Aufgabe ist oberste Pflicht des Herrschers.

4. Pflege der Persönlichkeit, aber nicht im Sinne der Vervollkommnung aller persönlichen Anlagen, sondern nur soweit als im Dienst für das Ganze notwendig.
5. Sittliche Eigenschaften und Verdienste zählen mehr als Geburt und Herkommen.
6. Da Ordnung und Friede auf der Befolgung der Ideale des »Goldenen Zeitalters« beruhen, sind Verehrung der Vergangenheit, Achtung vor der Tradition und Beachtung der Konvention notwendig.

(Die Verkündigung dieser Lehren durch die Anhänger des Konfuzius ist in der westlichen Welt stets so beeindruckend empfunden worden, daß sie in den von Konfuzius geforderten Tugenden die Grundzüge des chin. Charakters überhaupt sah, während er selbst in dem Mangel an diesen Tugenden eine ständige Gefahr erblickte.)

372–289 v. Chr.
298–238 v. Chr. **Meng-tzu oder Mencius** und **Hsün-tzu** gelten als die bedeutendsten Schüler des Konfuzius. Bei Mencius Akzentuierung der Lehre von der Fähigkeit des Menschen zum Guten und von der Hochschätzung des Volkes als »Stimme des Himmels«, vor dem sich die Könige ständig zu verantworten haben; bei **Hsün-tzu**, da der Mensch von Natur aus nicht gut, aber zur Erkenntnis und Erziehbarkeit fähig ist, die Forderung nach einem strengen Kanon von Riten und Pflichten; gute Weltordnung bedeutet strenge Beachtung der zwischen den Menschen gezogenen Grenzen; sie und das Ritual bringen das »Menschentum« gegen die natürliche Bösartigkeit des Menschen erst hervor. Viele sehen in Hsün-tzu den konsequentesten Philosophen Chinas. Seine Gedanken und die des Mencius über die Bedeutung des Volkes als »Kontrollorgan« sind von Zeit zu Zeit immer wieder lebendig geworden.

gest. 233 v. Chr. Fortentwicklung der Gedanken Hsün-tzus durch **Han-Fei-tzu,** den Hauptvertreter der Schule der *Legalisten.* Diese glauben nicht an die Wirksamkeit der Riten und der Moralgebote als Autoritätsprinzipien, sondern nur an die unumschränkte Macht des Staates zur Durchsetzung der Ordnung. Forderung nach strengen, für alle Stände gleichen Gesetzen, nach Disziplin und Gehorsam zur Stärkung der militärischen und wirtschaftlichen Macht des allen übergeordneten Staates.
Besondere Wertschätzung des Soldaten- und des Bauernstandes als Fundamente staatlichen Zusammenhalts und staatlicher Stärke.
Die Lehre der Legalisten wird vorherrschend im *Ch'in-Staat,* der mit dieser Staatsethik in den Rivalitätskämpfen der »Streitenden Reiche« die Oberhand gewinnt und die Einheit wiederherstellt.
(Spätere Zurückdrängung der Schule der Legalisten durch den Konfuzianismus in der philosophischen Theorie, nicht aber in dem Alltagsbrauch der Justiz und der Regierungsgeschäfte, wo nach den legalistischen Gedanken des Zwanges und der Strenge verfahren wird.)

Mo Ti oder Mo-tzu, latinisiert **Micius,** Gründer der Schule der *Mohisten,* 478–381? v. Chr. sieht in der Liebe gegen jedermann, ohne nach Standes- oder Familienzugehörigkeit zu fragen, verbunden mit einfacher Lebensführung und vorbehaltloser Bereitschaft zur Arbeit für die Allgemeinheit, das Heilmittel gegen die Übel der Welt. Ablehnung der Riten und Zeremonien des Konfuzius als nutzlose Äußerlichkeiten.

Einfluß dieser Lehre nur in kleineren Kreisen, die als Vorläufer der später aufkommenden, in der chin. Innenpolitik oft eine wichtige Rolle spielenden Geheimbünde angesehen werden. Heute bei chin. Wissenschaftlern intensive Beschäftigung mit Mo Ti und seiner Zeit, da in seiner Forderung nach Menschenliebe die Anfänge des Sozialismus gesehen werden.

Lao-tzu = »alter Meister«, Begründer des Taoismus. (Über seine wirkliche 3. Jahrh.? v. Chr. Existenz nichts bekannt, vielleicht Zeitgenosse des Konfuzius, nach anderer Meinung in der 2. Hälfte des 3. vorchristlichen Jahrhunderts lebend). Ihm wird das Buch *Tao-te-ching* = »Tao und seine Kraft« zugeschrieben, das als klassische Darstellung des Taoismus gilt.

Bei den Taoisten Hinwendung zur ursprünglichen allen Menschen eigenen Natürlichkeit durch Zurückziehen in die Einsamkeit, durch Übung in einfachen Lebensformen und durch mystische Versenkung in das über allen Menschen waltende Weltgesetz, das *Tao,* das zwar nicht mit dem Verstand zu erfassen ist, das aber als geheimnisvolle und doch überall wirkende Kraft jedes Geschehen lenkt.

Folgen der Lehre sind quietistischer Individualismus und ausschließliche Sorge um das persönliche Heil mit Abkehr von der Gesellschaft und ihren Einrichungen und Ablehnung jeglicher amtlichen Verpflichtung. Neben dem Streben nach persönlicher Lebensgestaltung auch zu sehen als Protest des Individuums gegen die Reglementierung und Funktionalisierung aller Lebensbereiche im Konfuzianismus.

Lao-tzus Lehre und die seines Hauptschülers **Chuang Chou,** auch **Chuang-tzu** genannt, ist in China niemals Allgemeingut geworden, da die von ihnen geforderte Lebenshaltung nur einer kleinen Schicht möglich war; sie wird jedoch in den folgenden Jahrhunderten stets von neuem zu einer Kraftquelle individueller Lebensgestaltung, zumal es Chinesen gelingt, ein Amts- und Gesellschaftsleben als Konfuzianer zu führen, zugleich als Privatperson taoistisch zu leben.

Yang Chu sieht als oberstes Lebensprinzip die Selbstsucht an als Antrieb 4. Jahrh. v. Chr. der in jedem Menschen vorhandenen, aber durch die Gesellschaft verschütteten Lebenskraft.

Die **Yin-Yang-Schule,** Hauptvertreter **Tsou Yen,** erklärt das Tao als das 4./3. Jahrh. v. Chr. polare Zusammenspiel von Himmel und Erde, von Männlichem und Weiblichem, von Vergehen und Entstehen, von hellen und dunklen Mächten = Yin und Yang. Das Kräftespiel zwischen den beiden entgegengesetzten, aber sich zugleich ergänzenden Prinzipien gewährleistet erst die Harmonie des Kosmos.

In der Symbolsprache ist dem weiblichen Yin der Tiger zugeordnet, dem männlichen Yang der Drache; Symbol ist auch ein durch eine S-Kurve geteilter Kreis mit einer dunklen und einer hellen Hälfte.

Philosophische Betrachtungsweise auch in der modern wirkenden Untersuchung über psychologische Kriegführung in *Sun-tzu* = »Traktat vom Kriege«, entstanden in der ausgehenden Chou-Zeit; später kommentiert und oft als militärisches Handbuch benutzt.

Dichtung	*Shih-ching* = »Buch der Lieder«, älteste Gedichtsammlung Chinas mit mehr als 300 Hymnen, Liebes- und Arbeitsliedern mit vorwiegend moralischem Gehalt, Verfasser unbekannt. Zusammenstellung angeblich von Konfuzius oder von ihm veranlaßt zur Wiederbelebung der Vergangenheit.
332–293 v. Chr.	Der Minister **Ch'u Yüan** aus dem Staate Ch'u der erste geschichtlich erkennbare Dichter von hohem Rang, Schöpfer der *Elegie* als Antwort auf die Verwahrlosung der Zeit. Nach seiner Verbannung vom Hof ertränkt er sich im Mi-lo-Fluß in Hunan. Die Erinnerung an ihn wird durch das jährliche Drachenbootfest, an dem symbolisch nach seiner Leiche gefischt wird, wachgehalten.
Wissenschaft	Beginn *systematischer Naturbeobachtung* als Folge der »Fünf-Elementen-Lehre«, nach der die Naturvorgänge auf die einander zerstörenden oder aufbauenden Eigenschaften von Holz, Metall, Wasser, Erde und Feuer zurückzuführen sind. Diese Anschauung wird häufig mit dem Polaritätsprinzip der Yin-Yang-Schule verbunden.

Anfänge der *Geschichtsschreibung* mit der Chronik *Ch'un-Ch'iu* = »Frühlings- und Herbstannalen«, der Geschichte des Staates Lu von 722–481 v. Chr., die Konfuzius für seine staatsmännische Unterweisung benutzt haben soll.

Kunst	Die Kunstformen der Shang-Zeit werden von den Chou übernommen. Sie erhalten Anregungen durch die Berührung mit den Steppenvölkern während der nördlichen Grenzkämpfe: auf den Bronzegeräten tritt die magische Tierornamentik, ausgenommen das *T'ao-t'ieh* mit dem ogerähnlichen großäugigen Kopf, zurück.

Vermutlich ist T'ao-t'ieh eine Stilisierung des Drachens, des Sintflutbezwingers der Mythologie, des guten Geistes, der über Flußläufe und regenspendende Wolken gebietet. Statt der vorher mehr ruhenden Ornamentik jetzt lebhafte Bewegung, wie Tierkämpfe, Jagdszenen oder Rennen, abstrakte Bandverschlingungen, auch mit Einlagen aus Gold, Silber, Türkisen, Schildpatt oder Malachit.

Neu sind *Kleinbronzegeräte*, wie Spangen, Spiegel, Gürtelhaken und Beschläge.

Bevorzugte Verarbeitung von *Jade*, dem heiligen Stein Altchinas. Jade dient als Rangabzeichen, Talisman, Anhänger und Grabbeigabe.

Funde bei Ausgrabungen der letzten Jahre beweisen aus dieser Zeit schon die Anfertigung von *Lackarbeiten*, die ebenso wie die Seidenproduktion und die Porzellangewinnung späterer Zeit den Chinesen zuzuschreiben ist.

Pflege der *Musik* neben dem religiösen Kult auch bei Staatsfeiern, öffentlichen Festen, Familienfeiern, vermutlich auch bei öffentlichem Arbeitseinsatz. Instrumente sind abgestimmte Bronzeglocken und Klangsteine, Flöten, große Trommeln und Zithern mit bis zu 25 Saiten. Zahl der Instrumente und Zusammensetzung nach den Ritenbestimmungen genau vorgeschrieben. Ausübung der Musik ist zweckgebunden im Sinne der Gemeinschaftsbildung; wichtig ist in erster Linie die moralische Kraft, die von ihr ausgeht. Daher besondere Wertschätzung der Musik bei Konfuzius. Mit Musik als Mittel zur Beeinflussung des Menschen beschäftigen sich das »Buch der Riten« und das »Buch der Lieder«. Zur Förderung musikalischer Erziehung an den Höfen zeitweilige Bestellung eines »Großen Musikmeisters«, der mit zu den höchsten Ranginhabern am Hof gehört.

Musik

Durch Ausgrabungen wurden bis 1966 einundzwanzig Städte und Siedlungen aus diesem Zeitabschnitt gefunden, einige mit einer Ausdehnung von 4 mal 2 Kilometern, angelegt an natürlichen Verkehrslinien, an strategisch wichtigen Punkten oder auch an Orten, die sich als sicher vor Überschwemmungen erwiesen hatten, umgeben von Mauern und Wachttürmen. *Lo-yang*, wohin der Chou-König umsiedelt, wird wegen der Stadtanlage Vorbild für die Regierungssitze der folgenden Dynastien, auch für die Anlage Pekings, hinsichtlich der rechtwinkligen Einteilung und Übersichtlichkeit der einzelnen Stadtviertel und breiten Straßenzüge. (Regierungsviertel, Handwerkerviertel, Handelsviertel, Vergnügungsviertel.) Der Grundriß der Städte meistens rechtwinklig und ausgerichtet nach den vier Himmelsrichtungen.

Städtebau

770 v. Chr.

Die Ch'in-Dynastie

221–206 v. Chr. Die Ch'in-Dynastie ist die Dynastie mit der kürzesten Herrschaftsdauer in der chin. Geschichte, ihre Wirksamkeit ist jedoch so einschneidend, daß manche Sinologen mit ihr schon den Anfang eines neuen Zeitalters sehen.

Die Bedeutung dieser Dynastie liegt in
1. der Abschaffung des Feudalismus,
2. der Organisation des ersten chin. Einheitsstaates,
3. der Grundlegung bzw. Stärkung des bis in die Gegenwart fortdauernden Zusammengehörigkeitsbewußtseins aller Chinesen.

Mit der Gründung des »Kaiserreichs« tritt zum ersten Mal eine zentralistisch wirkende Autorität in Erscheinung, wie sie es vorher nicht gegeben hatte.

372–289 v. Chr. Die Leistungen dieser Dynastie werden zusammen mit der Verdrängung barbarischer Bräuche durch verfeinerten Umgang der Menschen untereinander als so beeindruckend empfunden, daß, vermutlich bei den Grenznachbarn zuerst, *Ch'in* zum Namen für ganz China in der Zukunft wird.

Einigung des Reiches

256 v. Chr.

221 v. Chr.

Der macht- und hilflose König der Chou-Dynastie wird von seinem Lehnsmann **Cheng** aus dem nach den Prinzipien der »Legalisten« regierten Ch'in-Staat zum Rücktritt gezwungen. (Von einigen Historikern wird dieses Ereignis als Beginn der neuen Dynastie angesehen, von anderen die erst 35 Jahre später erfolgte Unterwerfung des letzten der rivalisierenden Feudalherren.)

Zum Zeichen der überlegenen, neuen Machtstellung gegenüber den unterworfenen »Königen« der Feudalstaaten nimmt der Ch'in-Herrscher den Titel *huang-ti* = »göttergleich, erhaben, glanzvoll« an, vergleichbar dem Lateinischen »augustus imperator«; Gesamttitel **Ch'in Shih Huang-ti** = Erster Kaiser von Ch'in.

Shih Huang-tis historische Bedeutung liegt in dem Zusammenschweißen der Ch'in und der von ihnen unterworfenen Staaten zu einem einheitlichen Volk mit ausgeprägtem Sinn für kulturelle Zusammengehörigkeit, für gemeinsamen Lebensstil und für gemeinsame Gefahren. Die Schaffung des geeinten Reiches wird in allen späteren Generationen als sein Werk empfunden. (Obgleich sein Regierungssystem bald nach seinem Tode zusammengebrochen ist, hat *Mao Tse-tung* sich oft mit ihm als *Schöpfer der Einheit* und als *Systemveränderer* vergleichen lassen.)

32

Zur Förderung des Einigungsprozesses werden mit Hilfe des kaiserlichen Kanzlers **Li Ssu**, eines Anhängers der Legalistenschule, folgende Maßnahmen getroffen:

1. *Verwaltungsgliederung* des neuen Reiches mit 36 Gauen mit Kreisunterteilungen. An der Spitze der Gaue zur Unterbindung regionaler Machtbildung jeweils drei vom Kaiser zu ernennende, aber jederzeit absetzbare Persönlichkeiten: ein Militärgouverneur, ein Zivilgouverneur und ein mit dem Kaiser in ständigem Kontakt stehender Kontrollbeamter.

2. *Vereinheitlichung der Gesetze* auf der Grundlage der Gleichheit aller vor dem Gesetz; keine Trennung mehr zwischen Adel und Volk, keine regionalen Sonderbestimmungen mehr.

3. *Vereinheitlichung der Maße, Gewichte und Münzen* zur Bildung eines geschlossenen Wirtschaftsraumes; mit der gleichen Absicht Festlegung einer Standardspurweite für Transportfahrzeuge und Anlage eines Fernstraßennetzes von der Hauptstadt *Hsien-yang* in Shensi in der Nähe des heutigen *Sian* als Mittelpunkt bis in die äußersten Grenzprovinzen.

4. *Vereinheitlichung der Schrift*, in der sich während der Zeit der »Streitenden Reiche« erhebliche Sonderformen herausgebildet hatten; diese Maßnahme sollte sich in der Zukunft als das wirksamste einigende Band erweisen. Erstellung eines für alle Reichsgebiete verbindlichen Sprachlexikons für den Wortschatz der Regierungs- und Verwaltungsbedürfnisse mit gleichem Ergebnis.

5. *Verbrennung aller vorher erschienenen Bücher*, um die Erinnerung an die feudalistischen Einzelstaaten auszulöschen; ausgenommen sind die Chronik von Ch'in und das Fachschrifttum über Heilkunde, Orakelbefragung, Baumkultur und Ackerbau. Das sonstige wissenschaftliche und literarische Schrifttum geht fast völlig verloren; mühsame und nicht immer zuverlässige Rekonstruktionen durch die Gelehrten in der nachfolgenden Han-Zeit.

6. *Zwangsweise Umsiedlung* einflußreicher Adelsfamilien oder Familien der ehemaligen Lehnsfürsten zur Ausschaltung der die Einheitspolitik eventuell störenden Kräfte. Ansiedlung der meisten in der Hauptstadt, um sie unter der Kontrolle des Hofes zu haben.

An der Nordgrenze der ehemaligen Lehnsstaaten *Yen* und *Chao* bedrohliches Auftreten der streng militärisch organisierten **Hsiung-nu**, der ostasiatischen Hunnen. Als Schutz gegen sie Ausbau eines mächtigen Walls, der den schon in der Feudalzeit angelegten Grenzwehren folgt und sie in 2200 Kilometer Länge miteinander verbindet.

Schutz der Grenzen

Im Süden einzelne Vorstöße bis in das Gebiet des heutigen *Kanton* und bis zum *Tongking-Delta,* im Osten bis zum *Gelben Meer,* im Westen über *Szechwan* hinaus.
In allen neu erworbenen Gebieten schneller Sinisierungsprozeß, da der kaiserliche Herrschaftsbereich als ein Gebiet der Ordnung, des Rechts und der Verfeinerung der Sitten und der meisten Lebensgüter erlebt wird.

Untergang der Dynastie 210 v. Chr.

Ch'in Shih Huang-tis Tod wird das Signal zur Erhebung aller mit der Politik des Kaisers nicht einverstandenen Elemente (bei den Bauern und Handwerkern wegen der häufigen Heranziehung zu Zwangsarbeiten im Befestigungs- und Straßenbau oder bei Flußregulierungen, bei den Gelehrten wegen der Bücherverbrennungen, in den Kreisen um die alten Feudalherren in der Hoffnung, ihre vormaligen Privilegien wiederzuerlangen). Nach mehrjährigen heftigen Kämpfen der rebellierenden Kräfte untereinander und gegen die kaiserlichen Anhänger gewinnt **Liu Pang,** auch **Liu Chi** genannt, aus bäuerlichem Milieu der Landschaft Shantungs die Oberhand. Gründer der Dynastie **Han.**

206 v. Chr.

Geschichtlich bedeutsamer archäologischer Fund

Ausgrabungen chin. Archäologen seit 1974 in der Volkskommune Lintung im Nordwesten Shensis an der Grabstätte Ch'in Shih Huang-tis unterstreichen das hohe Ansehen, das der Reformator auch nach seinem Tode genossen hat: eine unterirdische Halle mit 210 m Länge, 60 m Breite mit in drei Reihen aufgestellten 216 tönernen Kriegerstandbildern in Lebensgröße in realistischem Stil und mit individueller Physiognomie ebenso wie die Pferdestandbilder. Gemessen an der Gesamtanlage werden noch weitaus mehr Kriegerfiguren vermutet.

Die Han-Dynastie

Die vierhundert Jahre während Herrschaft der Han-Dynastie verschafft China eine außerordentliche politische, künstlerische und geistige Ausstrahlungskraft, die sich im Westen bis zu den Grenzen des Römischen Reiches erstreckt, im Osten bis nach Korea und bis an das Südchinesische und Ostchinesische Meer und darüber hinaus bis nach Japan. Die Dynastie festigt mit dem Instrument einer hochorganisierten Beamtenschaft, ausgerichtet nach dem Gedankengut des Konfuzius, das Reich als *universalistischen Kaiserstaat* in Fortsetzung und Vollendung der im Ch'in-Staat gebildeten Anfänge.

206 v. Chr. – 221 n. Chr.

In der Geschichtsschreibung gilt diese Zeit als der eigentliche Beginn des chin. Kaiserreiches. Bis zur Gegenwart nennen sich die Chinesen stolz »Söhne Hans« nach dem Namen **Han,** den der Gründer der Dynastie *Liu Pang* gewählt hatte. Als Leitmotiv der Einheit, die er als geschichtlichen Auftrag aus der Ch'in-Zeit fortzuführen gedenkt, nennt Liu Pang seine Dynastie nicht nach einem früheren Feudalgebiet, sondern nach dem Fluß Han, an dessen Ufern er zuerst seine Macht festigen konnte.

Neu ist auch die bewußte Öffnung des Reiches für fremde Kulturen, besonders nach Indien hin, von wo die *Berührung mit dem Buddhismus* für China von Bedeutung wird.

Nach der geographischen Lage der Hauptstadt wird unterschieden zwischen der **Westlichen** oder **Frühen Han-Dynastie** und der **Östlichen** oder **Späteren Han-Dynastie.**
In der ersten Periode ist es *Ch'ang-an* in der Nähe des heutigen *Sian,* in der zweiten ist *Lo-yang* die Hauptstadt.

ab 25 n. Chr.

Liu Pang geht aus den Kämpfen nach dem Tode *Ch'in Shih Huang-tis* als Sieger hervor, wird Gründer der Han-Dynastie. Postumer Name **Kao-tsu** = »erhabener Ahnherr«.
(In Nachahmung dieses Beispiels erhalten die Kaiser künftig nach ihrem Tode einen offiziellen Kaisernamen; späterer Brauch wird, als Name die Devise zu nennen, nach der der Kaiser die Regierung zu führen beabsichtigt. Zu Lebzeiten heißt er nur »der Kaiser« ohne jeden Zusatz. Bei den nachfolgenden Benennungen wird der bekannteste Name gewählt.) Um seine Macht zu festigen und die Anhänger des alten Feudalsystems für sich zu gewinnen, erfolgt Neubelebung des Lehnswesens durch Vergabe kleiner Territorien, nicht aber – wie vor der Ch'in-Zeit – als Besitz, sondern als Pfründe auf Lebenszeit und ohne das Recht zur Unterlehensbildung. Für einige engere Sippenangehörige auch »Königslehen« mit dem Recht der bloßen Titelführung; diese Territorien liegen so, daß sie Enklaven in kaiserlichen Gebieten sind. Auf diese Weise innere *Aushöhlung des Feudalsystems* bei Wahrung von dessen Fassade.

Die wichtigsten Kaiser
206–195 v. Chr.

35

195–180 v. Chr.	Nach seinem Tode übt trotz des Vorhandenseins kaiserlicher Erben die Kaiserinwitwe **Lü** die Herrschaft aus. Mit ihr beginnt die Reihe der in der chin. Politik oft verhängnisvoll tätigen Frauen. Sie begünstigt ihre eigene Sippe auf Kosten der kaiserlichen. Blutige Intrigenkämpfe am Hof, in denen schließlich die Liu-Pang-Familie die Macht zurückgewinnt; Ausrottung sämtlicher Mitglieder der Familie Lü.
141–87 v. Chr.	**Wu,** auch **Wu-ti,** ein Urenkel des Gründers der Dynastie, beseitigt den letzten noch bestehenden Einfluß feudalistischer Kreise. Durch ihn Erhebung der *Lehre des Konfuzius* zur *Staatslehre* mit dem Zweck, die Machtstellung des Kaisers in der geistigen Tradition zu begründen.

Gründung einer Ausbildungsstätte für führende Staatsdiener und Einführung eines *Prüfungssystems,* das – wenn auch mit mancherlei Abwandlungen – im Prinzip bis 1904 beibehalten wird.

Mit Gebietskämpfen gegen die Hunnen im Norden und Nordwesten zugleich auch *Öffnung Chinas nach Innerasien* mit der Auswirkung kultureller Anregung und wirtschaftlichen Aufschwungs.

Nach dem Tode Wu-tis folgen politisch bedeutungslose Kaiser – außer *Kuang-wu* –, sie sind häufig nur noch Spielball in den Interessenskämpfen einiger einflußreicher Familien.

9 v. Chr.– 23 n. Chr.	Unterbrechung der Han-Dynastie durch **Wang Mang.** Zunächst Regent für den noch unmündigen Sohn des verstorbenen Kaisers, gelingt es ihm, sich mit Hilfe seiner Tante, der Kaiserin-Witwe, zum Herrscher aufzuschwingen. Zur Rechtfertigung der von ihm erstrebten Dynastie *Hsin* = »die Neue« Berufung auf archaische Vorbilder in der Volkspropaganda und Einführung der feierlichen Übergabe des kaiserlichen Siegels bei der *Thronbesteigungszeremonie.* Die Zeremonie wird in allen folgenden Dynastien beibehalten.

Verzerrung seines Bildes in der Geschichte, da es nur von seinen Gegnern aufgezeichnet wurde. Als sicher ist die Stärkung der Zentralgewalt durch ihn anzusehen. Gegen ihn gerichtete Aufstände mit dem Kern einer bäuerlichen Geheimgesellschaft *»Rote Augenbrauen«* (nach Rotfärbung der Augenbrauen als Kennzeichen der Mitgliedschaft) unter der Führung von Parteigängern der Han-Dynastie führen zu seinem Untergang.

25–57 n. Chr.	In einem blutigen Bürgerkrieg mit angeblich zwei Millionen Toten setzt sich der Nachkomme der Han-Familie **Liu Hsiu** durch, Kaisername **Kuang-wu** = »der Glänzend-Kriegerische«. Lo-yang wird Hauptstadt für das im Bürgerkrieg völlig zerstörte Ch'ang-an. Mit dieser Verlegung Beginn der *Östlichen oder Späteren Han-Dynastie.*

Mit Wiederherstellung der Ordnung allmähliche Erholung des Reiches. Trotzdem – da Nord- und Mittelchina Schauplätze des Bürgerkrieges waren – Einsetzen einer starken Wanderungsbewegung in den Süden bis tief nach *Yünnan, Tongking* und *Annam;* dort Gründung von bäuerlichen Siedlungen und auch Handelszentren.

Nach Kuang-wu kein machtvoller Herrscher mehr aus der Han-Dynastie. Nur einige *Kaiserinnen* üben als Regentinnen mit Hilfe ihrer Sippen und der Hof-Eunuchen, die als Bedienstete der Kaiserinnen und der kaiserlichen Nebenfrauen zu Einfluß gelangt sind, noch Einfluß aus. Da diese Gruppen, ohne verpflichtende Bindung an das Kaiserhaus, ohne Verantwortung und nur auf den eigenen Vorteil bedacht, politisch agieren, kommt es zur korrupten Günstlingswirtschaft, zu blutigen Cliquenkämpfen am Hof und zur verheerenden Mißwirtschaft im Lande mit Verelendung großer Volksteile. Die Reaktion des Volkes ist der Aufstand der *»Gelben Turbane«* (gelbe Kopftücher als Erkennungszeichen), einer taoistisch gestimmten Sekte.

184 n. Chr.

Bei der Niederschlagung des Aufstandes gewinnen Militärbefehlshaber bestimmenden Einfluß. Absetzung des gänzlich machtlos gewordenen Han-Kaisers **Hsien,** Ende der Dynastie.

220 n. Chr.

Während der Han-Dynastie bildet sich die Auffassung über die Stellung des Herrschers heraus, die – in den früheren Dynastien schon vorbereitet – mehr oder weniger zur Norm für die nachfolgenden Kaiser wird.

Kaiserliche Rechte

1. Verantwortung theoretisch nur dem »Himmel« gegenüber, in dessen Namen der Kaiser seine Weisungen erteilt; praktisch wird seine Macht durch Brauchtum und Sitte begrenzt, denen er sich unterwerfen muß, um nicht das Mandat des Himmels zu verlieren.

2. Besetzung der höchsten Beamtenstellen bei Hof und in den Provinzen – in letzteren mit einem dreijährigen Versetzungsturnus, um eine engere Verbindung mit der lokalen Oberschicht zu verhindern.

3. Begnadigungsrecht.

4. Verleihung von Titeln an die zeitweise in 20 Ränge gegliederte Adelsschicht mit gesellschaftlichen und politischen Vorrechten, wie Befreiung von Dienstleistungen, gestufter Steuernachlaß, Vorrechte im öffentlichen Verkehr, unterschiedliche Behandlung in der höfischen Etikette.

5. Recht zur Vergabe und Einziehung von Lehen, die nicht mehr bedeuten als Zuweisung von Einkünften aus einem bestimmten Gebiet.

Dem Kaiser unmittelbar unterstellt ist der »Kanzler« als Leiter der Regierungsgeschäfte, außerdem der »*Große Sekretär*« zur Überwachung der Verwaltung, der »*Große Befehlshaber*« als Verantwortlicher für das

Kaiserliche Verwaltung

Wehrwesen und das kaiserliche Sekretariat, bestehend aus Sachbearbeitern, den »*ehrenwerten Schreibern*«, aus denen sich später die Minister entwickeln.

Ein Teil dieser organisatorischen Maßnahmen soll der Sicherung der Dynastie dienen, aber auch dem Kaiser eine persönliche Regierungsausübung ermöglichen als Gegengewicht gegen die schon damals erkannte Gefahr einer zur Erstarrung neigenden Bürokratie.

Vor schwerwiegenden Regierungsmaßnahmen, wie Expansionspolitik, neuen Wirtschaftsplänen, Personalfragen, Flußregulierungen, holt der Kaiser den Rat von Sachbearbeitern und Gelehrten, von Provinzgouverneuren oder auch von Gruppenvertretern ein. Nicht Pflicht des Kaisers, aber oft geübter Brauch.

Ausdehnung des Reiches Wechselvolle und langwierige Kämpfe mit den im Norden und Nordwesten des Reichs angrenzenden **Hunnen,** den **Hsiung-nu,** zur Abwehr ihrer Raubzüge, mit denen sie in chin. Gebiet Nahrung und Seide erbeuten wollen. Ende der Kämpfe erst mit ihrer Zurückdrängung bis in die Wüste Gobi. (Die westlichen Stämme wandern weiter nach Westen und lösen später die europäische Völkerwanderung aus, die östlichen werden in Zeiten der Schwäche Chinas noch mehrfach zur neuen Grenzgefahr.)

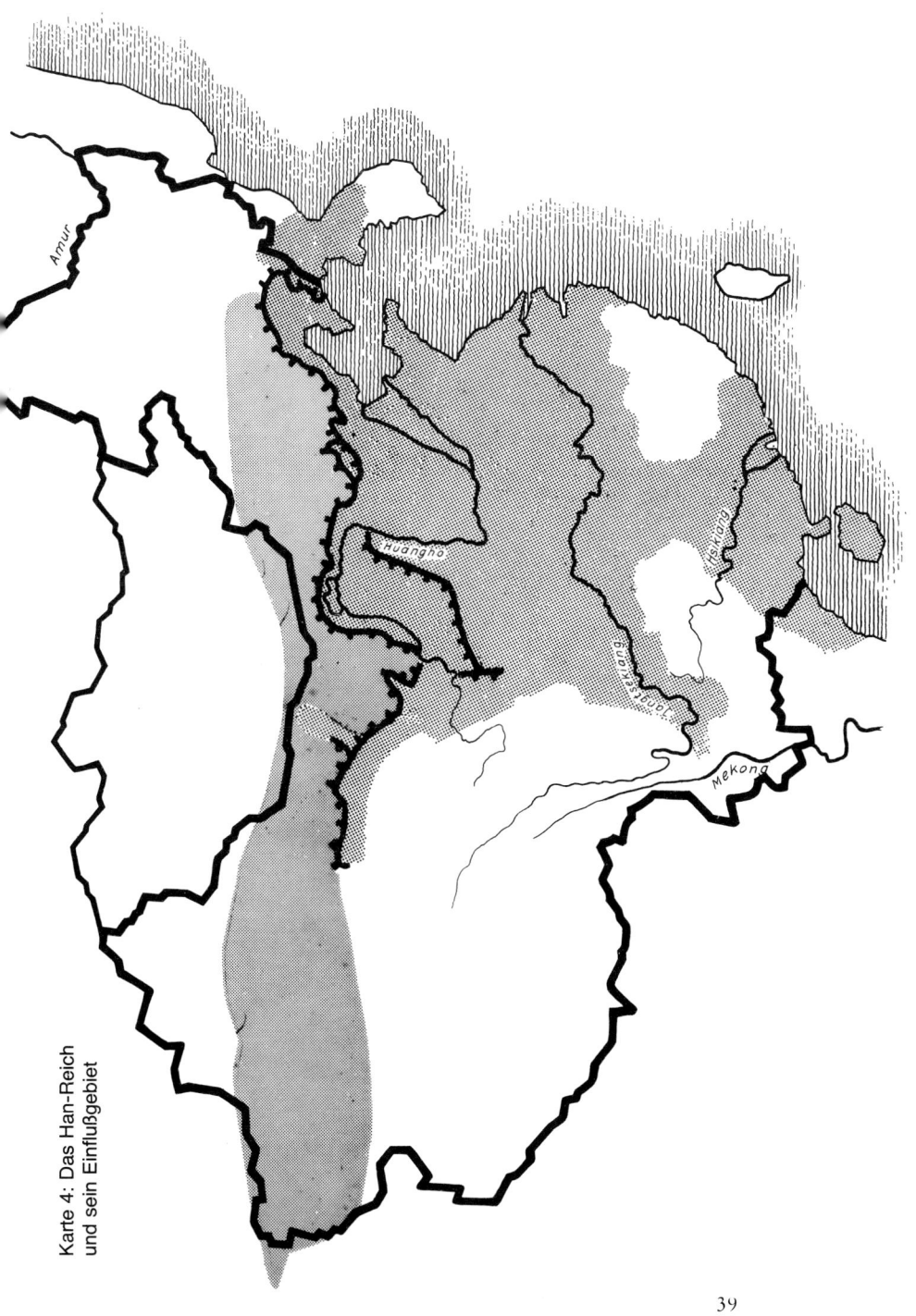

Karte 4: Das Han-Reich und sein Einflußgebiet

108 v. Chr.	Die Kämpfe gegen die Hsiung-nu geben mit dem Ziel der Flankenumfassung den Anstoß zur zeitweisen Unterwerfung *Nordwestkoreas* und zu Vorstößen nach Zentralasien über das *Tarim-Becken* hinaus bis nach *Fergana;* dadurch kommt der größte Teil des Handelsweges nach dem Westen, die *»Seidenstraße«,* in chin. Hand.
102 v. Chr.	

Im Zusammenhang mit diesen Plänen stehen die vorher schon vom Kaiser Wu-ti veranlaßten Erkundigungsexpeditionen des Offiziers und Diploma-

<table>
<tr><td>ab 133 v. Chr.</td><td>ten Chang Ch'ien bis Griechisch-Baktrien. Wie sehr China damals an der Westerschließung interessiert war, zeigen die über zweihundert Jahre spä-</td></tr>
<tr><td>73–94 n. Chr.</td><td>ter erfolgten Vorstöße des Generals Pan Ch'ao bis zum Kaspischen Meer, Vorausabteilungen bis zum Persischen Golf, nach Meinung einiger Historiker bis zum Schwarzen Meer.</td></tr>
</table>

Unter schwachen Herrschern gehen neu erworbene Gebiete häufig wieder verloren.

Im Süden und Südosten, wo sich Kleinstaaten mit starkem Einschlag von zugewanderten chin. Bauern und Kaufleuten gebildet haben, werden die Küsten des Südchin. und Ostchin. Meeres erreicht.

43 n. Chr.	Eroberung von *Tongking* und *Annam.* Von den hier errichteten Handelsniederlassungen Überseeverkehr mit der südlich gelegenen Inselwelt und mit westlichen Ländern auf der sogenannten *»Gewürzstraße«;* auf diesem Wege vermutlich durch Vermittlung arabischer Seefahrer Verbindung zum Römischen Reich.

Im Süden bei der Suche eines Weges nach Indien Eroberung der Gebiete der heutigen Provinzen *Kueichou* und *Yünnan.*

Folgen der Ausdehnungspolitik:
1. China wird größte Macht im Fernen Osten,
2. der Süden wird chin. Siedlungsgebiet und vor allem in den zum Reisanbau geeigneten Flußtälern die Kornkammer des Reiches,
3. werbende Ausstrahlungskraft der chin. Kultur auf die Nachbarn, besonders auf Indochina, Korea und Japan, in Kunst, Schrift, Verwaltungsmethoden, Umgangsformen,
4. der Buddhismus findet Eingang in China.

Die neue Oberschicht	An die Stelle des Adels aus der Chou-Zeit tritt als neue Oberschicht die während der Kriege, der inneren Unruhen und der Südkolonisation durch Bodenspekulationen reich gewordene Schicht der Großgrundbesitzer, ergänzt durch tüchtige Bauern, erfolgreiche Kaufleute und Offiziere. Zwischen ihnen bald enger gesellschaftlicher Zusammenschluß als »Großfamilien« auf Grund gleicher Interessen hinsichtlich des Schutzes und der Besteuerung ihres Grundbesitzes mit der Tendenz zur politischen Einflußnahme auf die politische Führung. Im Volksmund entsteht für diese Schicht die Bezeichnung *»Die hundert Familien«;* einige Historiker nennen sie in Anlehnung an englische Vorstellungen *»Gentry«.*

In der Masse des Volkes bleibt die Kleinfamilie als sozialer Hilfsverband, aber ohne politischen Einfluß, die Regel. Mit dem Pachtzins aus den erworbenen Ländereien gewinnt die neue Oberschicht eine unabhängige Existenz, die ihr in vielen Fällen den Erwerb eines Bildungsmonopols ermöglicht; sie stellt bald auf der Grundlage der konfuzianischen Lehre die Mehrzahl der führenden Beamten mit einer inneren und äußeren Haltung, die bis in die neue Zeit immer wieder Stütze und Rückgrat des Staates und der Gesellschaft gewesen ist. Einige Familien haben für mehr als 1000 Jahre Angehörige für die obersten Beamtenkategorien gestellt. (Die Bezeichnung »Mandarin« haben die Portugiesen im 16./17. Jahrhundert aus dem Malaiischen eingeführt, als sie die erste nachhaltige Berührung mit den Chinesen hatten. Bedeutung des Ausdrucks = einflußreicher Berater, hoher Bevollmächtigter.)

Aufhebung des 213 v. Chr. verkündeten Bannes gegen die alten Bücher. Ihr Wiederauftauchen – bzw. das Bemühen um die Wiederherstellung der verbrannten Unterlagen – wird bei den Gelehrten Antrieb zur Erforschung der Vergangenheit bei Hauptbeteiligung der in erster Linie die Tradition verehrenden Konfuzianer. Dabei stellen sie die sich unter den Han neu bildenden Verhältnisse als Wiederbelebung der Vergangenheit dar.

Philosophische Denker und Wissenschaftler 191 v. Chr.

Tung Chung-shu paßt in seiner Auslegung der kanonischen Schriften die Lehre des Konfuzius durch stärkere Betonung der Notwendigkeit staatlicher Institutionen den praktischen Bedürfnissen der Verwaltung an. Auf seine Veranlassung durch Kaiser *Wu* Erhebung des Konfuzanismus zur Staatsethik und zur Grundlage von Bildung und Gesittung. *Endgültige Kanonisierung* der dem Konfuzius jetzt zugeschriebenen Bücher:

179–104? v. Chr.

Li-chi	= Aufzeichnung der Riten,
I-ching	= Buch der Wandlungen,
Shih-ching	= Buch der Lieder,
Shu-ching	= Buch der Urkunden,
Ch'un-ch'iu	= Frühlings- und Herbstannalen.

Bei Tung Chung-shu auch der Versuch, durch Verbindung mit der Yin-Yang-Lehre und mit der Fünfelementenspekulation den vorwiegend rational bestimmten Konfuzianismus den magischen Vorstellungen des Volkes näherzubringen. Damit Grundlegung für die später immer wiederkehrenden pseudowissenschaftlichen Welterklärungen. Sein Hauptwerk: *Ch'un-ch'iu fan-lu* = »Üppiger Tau von den Frühlings- und Herbstannalen«, eine Interpretation der alten »Frühlings- und Herbstannalen«.

Liu An, Enkel des ersten Kaisers der Dynastie, genannt auch **Huai-nan-tzu** nach dem von ihm angeregten Werk, erweitert den Taoismus durch volksreligiöse Vorstellungen zu einem religiösen Kult zur Gewinnung paradiesischer Unsterblichkeit.

179?–122 v. Chr.

Wang Ch'ung wendet sich in *Lun-heng* = »Kritische Erwägungen« gegen Aberglauben und Mystizismus; bei ihm und seiner Schule Ansätze zur vorurteilslosen empirischen Naturbeobachtung, die aber nicht zur modernen Wissenschaftshaltung führen, da seine Gedanken wegen des Skeptizismus und der Kritik an der Vergangenheit von der Oberschicht, der Gentry, unterdrückt werden.

Ssu-ma Ch'ien, Vollender des von seinem Vater **Ssu-ma T'an** begonnenen Geschichtswerks *Shih-chi* = »Aufzeichnungen des Geschichtsschreibers«, eine Universalgeschichte von der Zeit der Urkaiser an bis 87 v. Chr. in 130 Kapiteln. Das Werk wird wegen der umfassenden Stoffbewältigung (chronologische Aufzählung aller erfaßbaren politischen Ereignisse, Lebensbeschreibungen aller bedeutenden Persönlichkeiten und Sachmonographien, wie über Bewässerungsanlagen, geographische Erkundungen, Wirtschaft, Musikleben) und wegen der Darstellungsweise, nach der der Verfasser nur wenig sich selbst äußert, dafür aber das vorhandene Quellenmaterial selbst sprechen läßt, zum Modell für alle späteren Historiker.

Das erste nach diesem Vorbild entstandene Werk ist *Han Shu*, die Ge-
schichte der Frühen Han-Dynastie von **Pan Ku** und seiner Schwester **Pan Ch'ao**, der ersten als Schriftstellerin hervorgetretenen Frau Chinas.

Aus dem 1.–2. nachchristlichen Jahrhundert stammt das erste erhaltene medizinische Werk *Huang-ti su-wen* = »Des Gelben Kaisers Fragen nach dem Wesen der Dinge«, Verfasser unbekannt.

Die Sammlung und Wiederherstellung der in der Ch'in-Zeit verbotenen Bücher durch die Gelehrten erweckt das Bedürfnis nach Nachschlagewerken; es entstehen die ersten Anfänge der für das traditionelle China charakteristischen *Enzyklopädien*.

Kunst In der Kunst spiegelt sich Vitalität und Selbstbewußtsein des Han-Staates wieder; zugleich auch eine durch die Öffnung der Seiden- und Gewürzstraße geförderte Aufnahmebereitschaft für fremde Einflüsse. Weitgestreute Funde von Bronze-, Jade- und Lackarbeiten, von Töpferwaren und Seidengeweben zeugen vom Sinn für Gestaltung und Verfeinerung. Im Gegensatz zu früheren Zeiten jetzt auch in größeren Volksteilen verbreitet.

In der *Ornamentik* erscheinen durch fremde Anregungen – besonders aus der Berührung mit dem hellenisierten Iran – Pfau, Strauß, Weintraube, Flügelmensch und Flügelpferd. Pferdedarstellungen nicht nach den kleinen mongolischen oder chin. Ponys, sondern nach den mächtigen Rassepferden der Gebiete jenseits Feranas.

Die heute bekannte Form des chin. Drachens, des mythologischen Sintflutbezwingers, bildet sich heraus.

Lackarbeiten treten häufiger auf; der gezeichnete Name ist nicht der des gestaltenden Künstlers, also keine individuelle Hervorhebung, sondern der des Beauftragten für die kaiserlichen Lackwerkstätten.

Einen großen Platz nehmen nach den Aufsehen erregenden Funden der letzten Jahrzehnte die *Flachreliefs* ein, eingemeißelt in Steinplatten für Grabkammern; Bilder aus dem täglichen Leben oder Darstellungen aus der Mythologie, vermutlich zur Unterhaltung des Toten gedacht. Viele Grabbeigaben der *Kleinplastik* vermitteln das Bild eines oft aufwendigen Alltags der Großfamilien, aber auch vieler Kleinfamilien.

Werke der Malerei sind nicht erhalten; Reliefs und Bilder auf Lackarbeiten lassen den Rückschluß zu, daß es sie gegeben hat.
Architektonische Denkmäler sind wegen des vergänglichen Materials Holz und Lehm, aus dem sie gebaut wurden, ebenfalls nicht erhalten geblieben. Ihr Stil ist aus Reliefs und Tonmodellen der Grabbeilagen erkennbar; er ist für chin. Bauten hinsichtlich der Linienführung bis in die neuere Zeit maßgeblich geblieben.
Als Vorstufe zum echten Porzellan erscheinen in der späten Han-Zeit *Töpferwaren* mit Feldspatglasuren.

Auf umfangreiche Pflege der *Musik* läßt die Erweiterung des Musikamtes auf vier Abteilungen schließen: für kultische und profane Musik, für Musik in Frauengemächern und für Militärmusik. Neue Musikinstrumente sind Horn, Querflöte und eine Art Laute. Besondere Förderung der Musik durch den Kaiser Wu-ti; Musik wird Prüfungsfach bei allen Staatsprüfungen. Volksliedpflege, Sammlungen von Balladen, Hymnen auf die Dynastie.
Bei Ssu-ma Ch'ien die erste Erwähnung einer Notenschrift.

Die Erfindung der Papierherstellung durch **Ts'ai Lun** aus Baumrinde, Hanf und Lumpen wirkt als Ansporn für lebhafte literarische Betätigung; die bisher benutzten Holztäfelchen zu unhandlich, die Seide zu teuer.

Musik

140–87 v. Chr.

145–90? v. Chr.

um 100 n. Chr.

Das chinesische Mittelalter

In der am häufigsten anzutreffenden Einteilung wird das chin. Mittelalter vom Ende der Han-Dynastie an bis zu den ersten nachhaltigen Begegnungen Chinas mit europäischen Mächten im 16. und 17. Jahrhundert gerechnet.
Drei Abschnitte werden unterschieden:

221–907 ## Das Frühmittelalter

221–589 Es umfaßt die Zeit der »**Drei Reiche**«,
der **Trennung zwischen Nord und Süd**
mit den »**Sechs Dynastien**«.
Die Zeit wird gekennzeichnet durch Staatenpluralismus und durch ständi-
598–618 ges Wechselspiel von zentrifugalen und zentripetalen Kräften. Sie endet mit
der Erneuerung der Reichseinheit durch die **Sui-Dynastie** und
618–906 durch die **T'ang-Dynastie**.

907–1368 ## Das Hochmittelalter

Es wird nach einem kurzen Zwischenspiel der »Fünf Dynastien« bestimmt von
960–1279 der **Sung-Dynastie** und
1279–1368 der **Yüan**- oder **Monogolen-Dynastie**.

Das Hochmittelalter ist gekennzeichnet durch die Festigung der Reichseinheit, den Zentralismus und die Autorität der Regierungsbürokratie, so daß auch bei schwachen Kaisern in der Zukunft nicht mehr die Gefahr des Auseinanderfallens besteht.

Das Spätmittelalter

Es erhält – nach Abwerfung der mongolischen Fremdherrschaft und Wie-
1368–1644 derbesinnung auf die eigenen Kulturwerte – sein Gesicht durch die **Ming-Dynastie** mit dem übersteigerten Prinzip der Staatsautorität.

Das Frühmittelalter

Es beginnt mit dreieinhalb Jahrhunderte dauernder innerer Zerrissenheit, verbunden mit häufigen Einfällen der angrenzenden Nachbarn, die die Schwäche Chinas ausnutzen, und mit wechselseitigen Angleichungs- und Beeinflussungsprozessen. Dabei erweist sich die chin. Volkssubstanz stets als das stärkere Element.

Die »Drei Reiche«

Drei an der Niederschlagung des Aufstandes der »Gelben Turbane« beteiligte Generäle am Ende der Han-Dynastie unterstellen sich nicht mehr dem unfähigen Kaiser. Nach dessen Abdankung führen ihre Machtkämpfe zur Teilung Chinas:

Politische Entwicklung

ab 221 n. Chr.

in das **Reich Shu** im Südwesten mit der Hauptstadt *Ch'en-tu* in der heutigen Provinz Szechwan-wegen reicher Getreide- und Gemüseernten die Kornkammer Chinas, aber nur geringe Bevölkerungsdichte;

in das **Reich Wu** im mittleren und unteren Yangtse-Tal mit der Hauptstadt *Chien-yeh,* dem heutigen *Nanking,* tief nach Indochina hineinreichend. Beträchtlicher Gewürz-, Holz- und Getreidehandel über See mit Indien und dem Mittleren Osten. Urbarmachung weiter Landstriche fördert erneut das Entstehen einer Grundbesitzerschicht mit herausgehobenem Lebensstil und kulturellen Ansprüchen;

in das **Reich Wei** im Norden mit der Hauptstadt *Lo-yang;* hier nach wie vor wirtschaftlicher und kultureller Schwerpunkt Chinas mit hoher Bevölkerungsdichte trotz der Unruhen der letzten Han-Zeit, die vornehmlich dieses Gebiet heimsuchten, und trotz der dadurch bedingten starken Abwanderung vieler Bauern in den Süden.

45

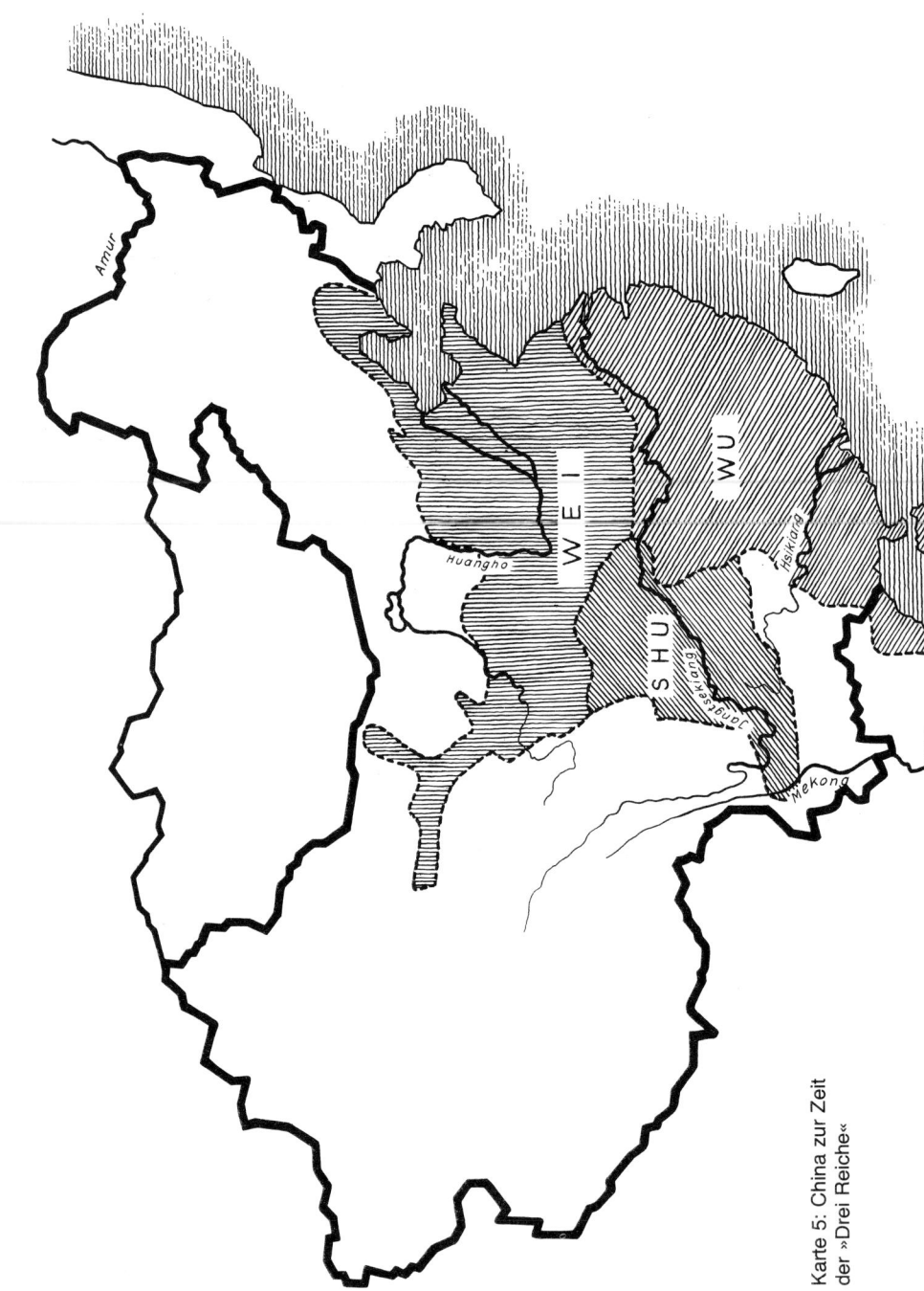

Karte 5: China zur Zeit
der »Drei Reiche«

Die Meuterei des Wei-Generals **Ssu-ma Yen** und seine Eroberungszüge gegen die Teilreiche Shu und Wu führen zur Wiedervereinigung Chinas, die aber nur von kurzer Dauer ist; in der Geschichte als *Chin-Dynastie* bekannt.

280–316

(Die blutigen Ereignisse dieser Zeit voller Verrat und Intrigen, die aber zur Einigung führten, sind das Thema vieler Bühnenwerke und des romanhaften Geschichtenzyklus »Die Geschichte der Drei Reiche« mit dem Räuberhauptmann, Lyriker und Feldherrn **Ts'ao Ts'ao** im Mittelpunkt geworden; allerdings idealisiert als das »Goldene Zeitalter der Ritterlichkeit«.)

Trennung zwischen Nord und Süd 317–589

Kräfte im Innern wenden sich gegen die neue Dynastie und rufen im Norden Grenzvölker zu Hilfe: *Hsiung-nu-Stämme*, *Tibeter*, die *Hsien-pi* aus der Mandschurei und die mit ihnen verwandten *Toba*. Nördlich des Wei-Flusses und des Huangho entstehen unter deren Einfluß nebeneinander bzw. nacheinander fast zwanzig kurzlebige Staaten, die historisch nicht genau zu erfassen sind. Sie werden, da als Fremdherrschaften empfunden, in der chin. Geschichtsschreibung nicht als rechtmäßige Dynastien anerkannt.

Im südlichen Teil Chinas, der vor Fremdeinwirkungen bewahrt bleibt, bilden sich in schneller Folge »nationale« Dynastien, die für die Geschichte Gesamtchinas insofern Bedeutung haben, als sie viele tüchtige Kräfte, die aus dem Nordteil geflohen sind, aufnehmen und damit dem Südteil ein Gewicht geben, das er bisher nicht gehabt hatte. Nach chin. Bezeichnung ist es die Zeit der »Sechs Dynastien« oder die *Liu-ch'ao-Zeit*.

Es sind die in der chin. Geschichtsschreibung als rechtmäßig geltende **Chin-Dynastie**, 317–420, mit der Hauptstadt Nanking,
die **Liu Sung-Dynastie**, 420–479, die schwere Abwehrkämpfe gegen die über den Yangtse vordringenden Toba führt,
die **Ch'i-Dynastie**, 479–501, im Unterschied zu einer im Nordteil bestehenden Fremddynastie auch die »Südliche Ch'i-Dynastie« genannt,
die **Liang-Dynastie**, 502–556, die besonders den Buddhismus fördert,
die **Ch'en-Dynastie**, 557–589, die nur noch im unteren Yangtse-Tal Einfluß hat.
Zu ihnen wird das vorher schon bestehende **Reich Wu** längs des mittleren und unteren Yangtse als sechste Dynastie gerechnet.

Trotz der unterschiedlichen Entwicklung im Norden und Süden setzt sich das Streben vieler Chinesen im ganzen Reichsgebiet nach Einheit durch. Sie wird verwirklicht durch den General und Staatsmann **Yang Chien,** der im Dienst eines von den Toba gegründeten Nordstaates steht. Die Häufigkeit des Thronwechsels hat im Norden wie im Süden den Brauch entstehen lassen, den abgedankten Herrscher, sofern er die gegen ihn gerichtete Revolte überlebt hatte, mit hohen, aber wenig bedeutenden Titeln auszustatten, ihn aber unter Bewachung zu stellen. Liquidierung der Person des Kaisers nur bei Gefahr einer Gegenrevolte.

Religiöses Leben

Schneller Wechsel der Dynastien, Nomadeneinfälle, Zerfall des Reiches und die damit verbundene Verelendung der Massen haben den Zusammenbruch des konfuzianischen Weltbildes zur Folge. Ruf nach neuen Ideen und Hoffnungen, aber nicht mehr in bezug auf Staat und Gesellschaft, sondern auf Kultivierung des Ichs durch Verinnerlichung und Befreiung von der Konvention und von Pflichten. *Neo-Taoismus* und *Buddhismus* sind die Antworten auf das Sehnen der Menschen.

Neo-Taoismus

Ausfüllung des geistig-seelischen Vakuums durch Neukommentierung des dem Lao-tzu zugeschriebenen Werkes *Tao-te-ching* und der Lehren seines Hauptschülers *Chuang-tzu.* Mittelpunkt dieser Bewegung sind »Die Sieben Weisen vom Bambushain«, eine Vereinigung von Philosophen und Künstlern. Durch Ablehnung von gesellschaftlichen und staatlichen Pflichten erhoffen sie »Selbstverwirklichung« und Glück; bewußte Provozierung der Gesellschaft durch nachlässige oder auffallende Kleidung, nachlässiges oder agressives Auftreten in der Öffentlichkeit.

284–363

Für die Massen Erweiterung der taoistischen Lehre, wie schon bei Liu An während der Han-Dynastie, durch Vermischung mit Vorstellungen aus der Volksreligion und dem Aberglauben. Wortführer ist **Ko Hung** mit seinem Hauptwerk *Pao-p'u-tzu* mit der Forderung nach Selbstverwirklichung durch magische Bräuche, besondere Speisen und Atemtechniken; auch Gebrauch von Drogen zur Gewinnung der Unsterblichkeit oder zur Lebensverlängerung. Bei der Suche nach dem »Stein der Weisen« wird das Schießpulver erfunden. Blütezeit der Alchemie. (Lange wird das Pulver von den Chinesen nur in Form von Feuerwerkskörpern bei Festen verwendet, als Schießpulver erst ab dem 11. Jahrhundert.)

Während in taoistischen Kreisen auf Grund der Lehre von der Einbettung des Menschen in die Natur ein gewisses naturwissenschaftliches Verständnis wächst, lehnen die konfuzianischen Gelehrten die neue Form des Taoismus als Aberglauben und Scharlatanerie mit gleichzeitiger Ablehnung aller naturwissenschaftlichen Untersuchungen ab.

Buddhismus

Der Buddhismus ist ebenfalls eine Antwort auf die Frage nach einem neuen Sinn und nach dem Weg zur Erlösung in einer unsicheren und gefahrvollen Welt. Große Anziehungskraft gewinnt die Vorstellung von der Kette der Wiedergeburten als persönliche Strafe und Belohnung.

Beginn des buddhistischen Einflusses schon während der Han-Dynastie mit der Öffnung der innerasiatischen Handelswege. Während der Zeit der Trennung zwischen Nord und Süd vom Norden her weite Ausbreitung der neuen Lehre in das Reichsgebiet einschließlich des Südens. Die Ausbreitung wird besonders gefördert durch die Anwesenheit des indischen Mönches **Bodhidharma** in Lo-yang. Mit seiner Lehre von der Meditation als 516–534 einzigem Weg zur Erleuchtung und Erlösung ermöglicht er es jedem Chinesen, unabhängig vom Stand, Buddhist zu sein; chinesisch = *Ch'an-Buddhismus*, japanisch = *Zen-Buddhismus*.

Beginn des Teekultes, Teetrinken als Mittel zum Wachhalten bei Meditationsübungen, vermutlich aus Tibet übernommen. Mit dem Zen-Buddhismus übernehmen Japan und Korea auch diesen Brauch.

In der zweiten Hälfte des 6. Jahrhunderts ist der Buddhismus in ganz China die dominierende Religion. Politisch erleichtert seine Ausbreitung die Wiedervereinigung des Reichs unter der nachfolgenden *Sui-Dynastie*; geistig kommt es zur Auseinandersetzung zwischen dem Buddhismus, dem Konfuzianismus und dem Taoismus, wobei diese buddhistisches Gedankengut aufnehmen, der Buddhismus sich seinerseits chin. Vorstellungen angleicht, wie Anerkennung des Familienkultes, Verzicht auf das grundsätzliche Tötungsverbot im Kriege, Abkehr von der Weltabgewandtheit durch die Lehre von der periodischen Welterneuerung und der Möglichkeit zur Erlösung durch Aufgehen des einzelnen im Kollektiv.

Bezeichnend ist das Interesse am Menschen als Persönlichkeit mit ihren individuell geprägten Äußerungen und mit ihrer Einbettung in buddhistische und taoistische Religiosität. Hauptvertreter sind: **Ts'ao P'ei**, der erste Kaiser des Wei-Reiches, und der Taoist **T'ao Ch'ien**, genannt auch **T'ao** 365–427 **Yüan-ming**; letzterer gilt als bedeutendster Lyriker der Zeit und wird wegen der Aufgabe aller Staatsstellungen und des Rückzugs ins Einsiedlerleben Idealbild nachfolgender Literatengenerationen.

Der Zwang zur Auseinandersetzung mit dem Buddhismus führt zur kritischen Würdigung der Dichtung als Kunstform und zu Untersuchungen über ihren Sinn: von **Lu Chi** *Wen-fu* = »Abhandlung über die Literatur«, um 300 von Liu Hsieh *Wen-hsin tiao-lung* = »Bildung des Herzens und das Schnitzen von Drachen«, literarische Begriffsbestimmungen und Beurteilungsmaßstäbe in fünfzig Abhandlungen; ähnlich grundlegend von **Chung** um 500 **Hung** *Shih p'in* = »Klassifizierung der Dichter«, von **Hsiao T'ung**, einem um 513 Fürsten des Südens, *Wen hsun* = »Auslese aus der Literatur«, eine noch bis ins 20. Jahrhundert hinein gültige normative Beispielsammlung für dichterischen Gehalt und für Feinheit des Stils.

Buddhistischer Einfluß in der chin. Pagode, die sich aus der indischen Stupa **Kunst** entwickelt;
in der Nachahmung von Höhlentempeln mit Buddha-Kolossalfiguren, eine

Margin note: Dichtung

in China bisher unbekannte Kunstform, in Bronze-, Keramik- und Lackarbeiten durch Verarbeitung westlicher Motive, wie Feige, Olive, Mandel, Narzisse und vor allem der Lotusblüte als Sinnbild des Buddhismus für die aus dem Morast und der Unklarheit des Lebens sich erhebende Erleuchtung, die zum Nirwana führt;

Malerei
in der Malerei durch buddhistische Heiligenbilder und Menschen in der Meditation. Bekanntester Vertreter der Porträtmalerei, die wie die Dichtung das Individuelle am Menschen betont, ist **Ku K'ai-chih.**

345–406?
um 500
Der Maler **Hsieh Ho** entwirft durch Vergleich von 27 Malern eine Ästhetik der Malerei *Ku-hua p'in-lu* = »Untersuchung über die Einordnung alter Bilder«.

Von den Malern dieser Jahrhunderte sind keine einwandfreien Originale erhalten, nur einige Kopien.

Kalligraphie
321–379
Der General **Wang Hsi-chih**, »Fürst der Kalligraphie«, ersetzt den rechtwinkligen Schriftduktus durch kursiv schwingende Linienführung, die die Freiheit der individuellen Gestaltung ermöglicht; seit Wang Hsi-chih hat die Kalligraphie in der chin. Vorstellung einen hohen Rang als Ausdruck der Persönlichkeit; sie gilt seitdem neben Dichtung, Malerei und Musik als vierte der Künste.

Musik
In der Musik durch eingewanderte Musiker, Tänzer und Tänzerinnen Einflüsse aus Indien, Tibet und Turkestan; beliebteste Instrumente werden die wahrscheinlich aus dem Zweistromland kommende Harfe und die mongolische Streichlaute. Der turkestanische Musiker **Su-Dji-po** ist maßgeblich an der endgültigen Festlegung des chin. Tonsystems beteiligt.

um 570

Wissenschaften
Anregungen aus dem Buddhismus und aus der Berührung mit den nomadischen Fremdherrschaften führen zur Erweiterung des Weltbildes:

um 240
von **Liu Shao** als neuerwachtes Interesse am Einzelmenschen eine angewandte Psychologie *Jen-wu-chih* = »Untersuchung über Fähigkeiten des Menschen«;

um 300
von **Hsi Han** das erste botanische Werk *Nan-fang ts'ao-mu chuang* = »Die Flora des Südens«, eine Beschreibung von achtzig Kulturpflanzen;

um 420
von dem buddhistischen Mönch **Fa Hsien** eine Beschreibung seiner Reise von China über Sinkiang nach Indien und zurück auf dem Seeweg über Ceylon und Java in *Fo-kuo chi* = »Bericht über buddhistische Länder«;

um 500
von **Li Tao-yün** eine Geographie Chinas mit besonderer Berücksichtigung der Flüsse und der Überschwemmungsgefahren in *Shui-ching chu* = »Grundlegendes Buch über die Gewässer«;

um 500
von **Chia Ssu-hsieh** eine Abhandlung über die zweckmäßigsten Methoden der landwirtschaftlichen Produktion und der Tierzucht in *Ch'i-min yao-shu* = »Wichtiges über den allgemeinen Volkswohlstand«.

Von dem hohen Stand der Mathematik gibt die Berechnung der Zahl Pi (π)

um 500
des Mathematikers **Tsu Ch'ung-chih** mit 3,1415926 bis 3,1415927 einen Beweis.

50

Erneuerung der Reichseinheit durch die Sui-Dynastie

589–618

Gründer der Dynastie ist der chinesische General und Staatsmann **Yang Chien**, im Dienste eines der kurzlebigen Staaten des Nordens stehend, der sich während der Zeit der Trennung nach dem *Toba*-Einfall gebildet hatte. Nach Unterwerfung der anderen im Norden bestehenden Teilstaaten Einmarsch in den Südteil, der ihm schnell zufällt. Dabei spielt sorgfältige psychologische Vorbereitung, bei der an das Einheitsbewußtsein aller Chinesen und an die Gefährdetheit ihrer Lebensart in einer barbarischen Umwelt appelliert wird, eine ausschlaggebende Rolle. Yang Chien wird Kaiser des Gesamtreiches und stellt die Einheit Chinas wieder her. Seitdem keine Teilung Chinas mehr, abgesehen von wenigen Zeiträumen einiger Jahrzehnte.

Nach dem Nordstaat *Sui*, in dessen Dienst Yang Chien gestanden hatte, nennt er die von ihm gegründete Dynastie *Sui*. Wie die Ch'in-Dynastie als Vorläufer der Han-Dynastie angesehen werden kann, so die Sui-Dynastie als Vorstufe der ihr folgenden *T'ang*-Dynastie.

Yang Chien, Kaisername **Wen** – sein Hauptbestreben ist es, Institutionen für die Stabilität der wiedergewonnenen Einheit zu schaffen:

Zwei Kaiser 589–604

1. Aufbau eines von der kaiserlichen Zentrale neu ernannten, disziplinierten Verwaltungsapparates mit einheitlicher Verwaltungssprache, nachdem diese während der langen Zeit der Zersplitterung in viele Dialekte auseinandergefallen war.
2. Anregung zu einem allgemein verbindlichen phonetischen Lexikon; erst von seinem Nachfolger herausgegeben.
3. Herausgabe der Enzyklopädie *Pei-t'ang shu-ch'ao* = »Auszüge aus den Schriften der Nördlichen Halle« in 173 Kapiteln mit der Absicht, eine gemeinsame Wissensbasis zu ermöglichen.
4. Wahl *Ch'angans* im Nordwesten als Hauptstadt und als Operationsbasis gegen türkisch-tibetanische Bedrohung.
5. Bau von Kanälen zur Verbindung der Reichsgebiete untereinander, zugleich auch als Bewässerungssysteme für den Landbau.
6. Landzuteilung an besitzlose Bauern und Errichtung von Kornspeichern im ganzen Land als Vorratskammern für den Fall von Mißernten.
7. Rationalisierung des Einsatzes von Arbeitskräften durch Umsiedlungsaktionen und Festlegung des Arbeitsdienstes des einzelnen auf 20 Tage im Jahr vom 20. bis zum 48. Lebensjahr.

604–618

Durch seinen Sohn **Yang** Fortsetzung der auf Einheit gerichteten Maßnahmen; Bau des »Kaiserkanals« zwischen dem Yangtse und dem Huangho für Lastkähne mit der damals ungeheuren Größe von 500 – 700 Tonnen Tragfähigkeit und mit danebenlaufender Fahrstraße für den Wagenverkehr.

Als weitere Symbole für die Reichseinheit und die kaiserliche Machtstellung Errichtung von Prachtbauten, Aufbau einer kaiserlichen Bibliothek von 90 000 Bänden.

Außenpolitik Bedrohung des Reiches durch die *Türken*, die inzwischen entlang der Nord- und Nordwestgrenze als neues Nomadenvolk Fuß gefaßt haben, und durch die *Tibeter*. Nur unter Ausnutzung der Rivalität zwischen ihnen und einzelnen Stammesfürsten gemäß einem damals entstandenen Grundsatz chinesischer Diplomatie, *Barbaren durch Barbaren zu bekämpfen*, wird das Reich nach außen gesichert.

Drohende gefährliche Umklammerung aus einem sich anbahnenden Bündnis zwischen Türken und Koreanern zwingt China zu mehreren Feldzügen gegen Korea. Diese führen zwar nicht zu Gebietseroberungen, wohl aber

612–614 zu einer solchen Erschöpfung der Koreaner, daß von ihnen keine Gefahr mehr droht.

Häufige zum Schutz des Reiches notwendige Kriegszüge haben biologische und, zusammen mit den Lasten der Kanal- und Prachtbauten, schwere wirtschaftliche Opfer zur Folge, die die Belastungsfähigkeit des Volkes weit überschreiten. Nach einer Niederlage gegen die Türken Ermordung

618 des Kaisers durch Verschwörer.

52

Die T'ang-Dynastie

Die Einheit des Reiches, die seit der ersten Hälfte des dritten nachchristlichen Jahrhunderts zerfallen war, wird nach der kurzen Vorbereitung der Sui-Zeit durch die *T'ang*-Dynastie für längere Dauer weiter gesichert. China erreicht den bisher höchsten Stand an Ansehen, Macht und kulturellen Leistungen und wird in ganz Ostasien Vorbild. Einrichtungen, Grundsätze und Regierungsmethoden dieser Dynastie werden in vielen Gebieten Asiens nachgeahmt.

Für die Chinesen bedeutet die T'ang-Zeit – auch der Abschnitt des dynastischen Verfalls – das *»Goldene Zeitalter der Dichtkunst«*, eine Zeit des Wohlstandes, der Sicherheit und eines nur selten erreichten Offenseins für kulturellen Austausch. Der Begriff **»Reich der Mitte«** ist eine Schöpfung dieser Zeit.

Als das Reich nach einer langen Bürgerkriegsperiode zusammenbricht und erneut eine Zeit der Zerrissenheit folgt, zeigt sich sehr bald, daß der Reichsgedanke lebendige Antriebskraft geblieben ist. Die neue Dynastie der *Sung* kann die Tradition der Sui- und T'ang-Dynastie fortsetzen.

In den nach der Ermordung des letzten Sui-Kaisers ausbrechenden Rivalitätskämpfen setzt sich der Provinzgouverneur von Shansi **Li Yüan** durch, Begründer der T'ang-Dynastie. Sein postumer Name, nicht ohne Absicht in Erinnerung an den ersten Han-Kaiser, **Kao-tsu** = »Erhabener Ahn«. Durch ihn schnelle Wiederherstellung von Ordnung und Recht in ganz China mit den Mitteln gestraffter Zentralisation. Zum Schutz der Landbevölkerung als der Grundlage des Staates Einführung einer Verwaltungsreform, nach der fünf Familien jeweils zu einer Gruppe zusammengefaßt werden, die in selbständiger Verantwortung die Steuerzahlungen an den Staat, die Arbeitsdienstleistungen, die Verbrechensbekämpfung, die Wasserwirtschaft, die Sozialfürsorge u.ä. zu ordnen hat.
Dieses System ist unter vielen Kaisern nachfolgender Dynastien wiederholt worden.

Sein Sohn **Li Shi-min**, Kaisername **T'ai-tsung**, gilt als eine der größten Herrschergestalten Chinas. Er begründet den Ruf Chinas als *erstes Weltreich des Mittelalters* durch
1. militärische Sicherung des Reichs an den Grenzen,
2. Ordnung und Stetigkeit im Innern mit wachsendem Wohlstand,
3. strengste Auslese für die Beamtenlaufbahn mit acht Rangstufen. (Im Jahresdurchschnitt bestehen von dreitausend Kandidaten nur zwanzig bis dreißig; Prüfungsfächer sind: Staatliche Verwaltung, kanonisches Schrifttum, Anfertigung von Gedichten und Essays; sie sind es bis 1904 ohne

Die Hauptkaiser

618–626

626–649

große Veränderung geblieben. Gegenüber diesem Bildungsziel genießen Techniker und bloße Spezialisten nur geringes Ansehen mit der verhängnisvollen Folge, daß manche für die Entwicklung Chinas wichtige Erfingungen und Techniken in der Zukunft nicht genügend Beachtung finden.)
4. durch großzügige Öffnung des Reichs. Die großen Städte werden Treffpunkte von Kaufleuten, Künstlern und Abenteurern aus Syrien, Persien, Japan, Indien, Korea; in den Häfen des Südens entstehen vorwiegend arabisch geprägte Ausländerviertel mit Handelskonzessionen.
Fremde Religionen, wie nestorianisches Christentum, Islam, Judentum, Manichäismus und Mazdaismus, finden Eingang; die Religionsgemeinschaften erhalten Erlaubnis zur Religionsausübung und zum Bau von Gotteshäusern.

Tibet und Japan übernehmen chinesische Verwaltung und den Buddhismus chinesischer Prägung.

Nach dem Muster von *Ch'ang-an*, mit eineinhalb Millionen Einwohnern und einer Ausdehnung von 8 x 9 Kilometern der größten Stadt der damaligen Zeit, wird die japanische Hauptstadt *Kioto* angelegt.

649–683 653	Unter **Kao-tsung**, dem Sohn T'ai-tsungs, Andauern der Hochblüte; Einführung eines Gesetzbuches, das nicht nur die Grundlage der folgenden Sung-, Ming- und Ch'ing-Gesetzbücher geworden ist, sondern auch Vorbild für die Rechtsentwicklung in Indochina und Japan. Trotz des äußeren Glanzes Verlust innerasiatischer Gebiete und Schwächung der kaiserlichen Macht durch Großfamilien, die Mitspracherecht an der Regierung fordern. Der Niedergang der Dynastie wird durch die fähige
684–705	und – als Ausnahme – nicht ihre Sippe begünstigende Kaiserinwitwe **Wu** aufgehalten; bemerkenswert ihr Geschick, die Kräfte des Konfuzianismus, des Taoismus und des Buddhismus auszubalancieren und damit eine der Sprengkräfte im Reich auszuschalten.
713–754	**Ming-huang**, postum **Hsüan-tsung**, führt China zur zweiten geistigen und künstlerischen Blüte während der T'ang-Zeit.
725	Unter seiner Gönnerschaft wird der Hof Sammelpunkt hervorragender Gelehrter, Dichter, Musiker und Maler; Gründung der *Han-lin-Akademie*, weit über Chinas Grenzen berühmte Ausbildungsstätte für die höchste Staatsstellungen, und der *Kaiserlichen Akademie*, die als Vorläuferin der
754	Chinesischen Akademie der Wissenschaften angesehen werden kann. Nach zwanzigjähriger Regierung Hinwendung des Kaisers zum Taoismus mit abnehmendem Interesse für Politik und Landesverteidigung. Der Kaiser gerät schließlich gänzlich unter den Einfluß rivalisierender, skrupelloser Hofcliquen. Die daraus entspringende Rechtsunsicherheit, Korruption und Mißwirt-
gest. 757	schaft gipfeln in einem von dem Militärgouverneur **An Lu-shan** geführten Aufstand größten Ausmaßes mit schweren Folgen für das Reich: Bevölke-

rungsrückgang von neun Millionen Haushalten auf zwei Millionen, Rückgang der Steuereinnahmen auf 20%.

Abdankung des Kaisers.
Trotz seines politischen Versagens ist sein Gedächtnis im Volk als »Strahlende Majestät« noch lange erhalten geblieben. Nach dichterischer Darstellung soll für die Mißwirtschaft der kaiserlichen Regierung seine Nebenfrau **Yang Kuei-fei** verantwortlich gewesen sein.

Durch den Kaiser **Su-tsung** zwar Niederwerfung des Aufstandes, aber nur 756–763 mit nichtchinesischen Hilfstruppen, vorwiegend arabischen Söldnern. Erhebung der Grenzvölker, die die von Ming-huang verschuldete Schwäche Chinas ausnutzen. Die Macht im Staate geht in die Hände einiger Provinzgouverneure über. Reaktion der Bauern sind wiederholte Aufstände, deren heftigster unter der Führung des Bauern **Wang Hsien-chih** und des Salzhändlers **Huang Ch'ao** steht. (Beide werden in der neuesten chinesischen Geschichtsschreibung als erste revolutionäre Führer der Bauern verherrlicht.)

Im Laufe dieses Aufstandes *erster Ausbruch des Fremdenhasses*, vornehmlich in den südlichen Gebieten; allein in dem Seehandelszentrum Kanton Ermordung von 120 000 Fremden mit der Folge, daß die arabische Welt alle Handelsbeziehungen zu China abbricht und damit das Reich für längere Zeit vom Überseehandel ausgeschlossen wird.

Von diesem Aufstand erholt sich die Dynastie nicht mehr. Bis zu ihrem Untergang mit nur wenig Unterbrechungen durch ruhige Zeiten fast ständige Volkserhebungen mit marodierenden Bauernheeren und nicht abreißenden Revolten von Provinzgouverneuren. Kein Kaiser ist mehr zu verzeichnen, dem es gelingt, die kaiserliche Macht zu festigen.

Der zum Gouverneur emporgestiegene Bauernführer **Chu Wen** zwingt 907 den zehn Jahre alten Kaiser zur Abdankung. Als er das ganze Reich unter seine Herrschaft bringen will, erhebt sich Widerstand gegen ihn; China zerfällt von neuem in Teilreiche für etwas mehr als fünf Jahrzehnte.

Während der Regierungszeit T'ai-tsungs und seines Nachfolgers Kao-tsung größte Ausdehnung des Reiches: Anschluß des *Sinkiang-Gebietes* bis zum Balkaschsee und des *Tarim-Beckens* mit den Haupthandelsstraßen in den Westen; Schutzherrschaft über das *Pamir-Gebirge* bis zum Oxus-Fluß (Amu-Darja) und zum Oberlauf des Indus mit *Afghanistan*, zeitweise bis zum Aral-See; *Tibets* Außenpolitik wird von China bestimmt; mit *Indien* reger Handelsverkehr, *hinterindische* Völker zahlen jährlichen Tribut an den Kaiser; der nördliche Teil *Indochinas* wird Protektorat; *Korea*, das kulturelle Brücke zwischen China und Japan wird, sucht die Bundesgenossenschaft mit China.

Am kaiserlichen Hof erscheinen Gesandtschaften der Sassaniden, aus

Ausbreitung des Reichs

Ostrom und Indien, vom Kalifen Othman, um mit China Beziehungen aufzunehmen.

Seit der zweiten Hälfte des 8. Jahrhunderts machtpolitischer Rückgang. Niederlagen der chinesischen Armeen an fast allen Grenzen als Folge mangelnder Sicherheitspolitik der von Cliquenkämpfen zerrissenen Regierung; Einfälle der *Tibeter*, der *Uiguren*, der *Kitan* mit Gebietsverlusten an den Grenzen. Mit der Aufgabe von Turkestan verliert China seinen Einfluß westlich des Yümen-Passes.

Karte 6: Das T'ang-Reich im 8. Jahrhundert

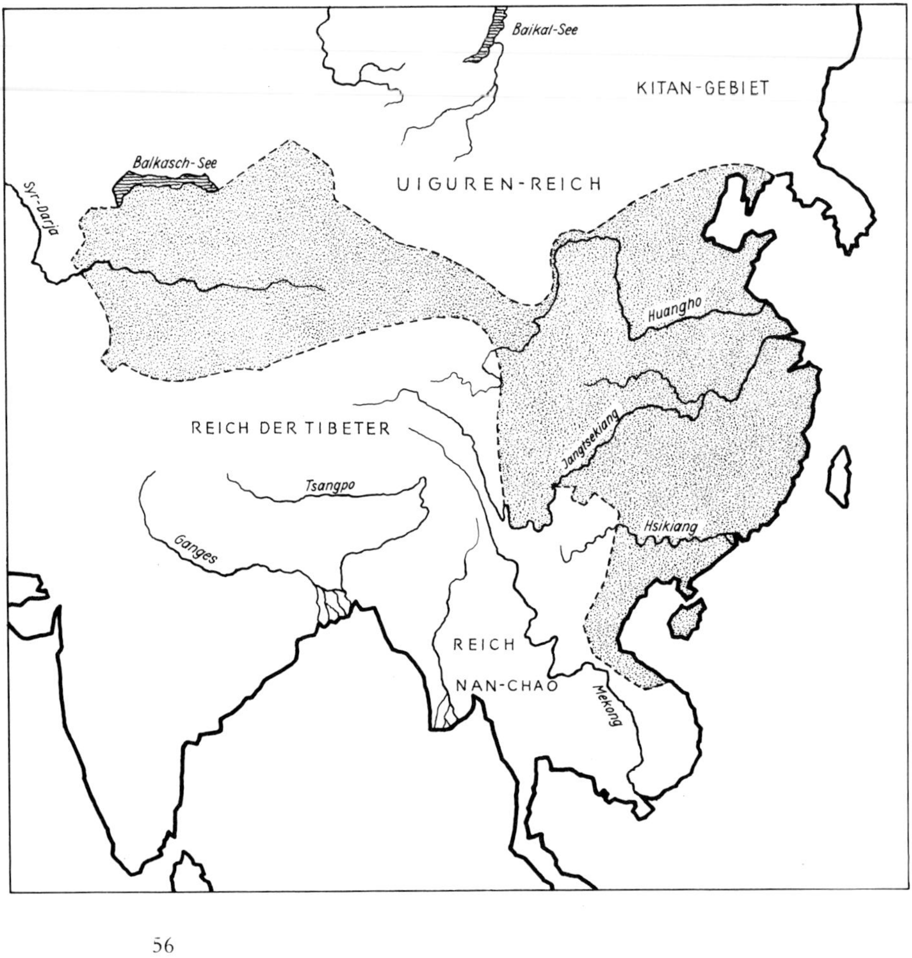

Gemäß dem Weltreichcharakter großzügige Toleranz gegenüber allen Religionen, die mit dem geistigen und wirtschaftlichen Austausch zwischen China und Innerasien ins Land gekommen sind: *Religionen im T'ang-Reich*
Nestorianisches Christentum mit einer geringen Zahl von Anhängern, die aber noch von Marco Polo erwähnt werden. *Judentum*, ebenfalls kleine Kolonie, ursprünglich wahrscheinlich aus Stoffhändlern bestehend.
Manichäismus ist in vielen Städten Mittel- und Südchinas verbreitet, Zarathustra-Kult oder *Mazdaismus* hat seine Anhänger unter den in China niedergelassenen Persern.
Islam ist einzige Fremdreligion mit Breiten- und Tiefenwirkung, besonders in den Hafenstädten des Südens. Sonst gehört nur eine kleine Zahl Chinesen den von außen eingedrungenen Religionsgemeinschaften an. Konfuzianismus, Taoismus und Buddhismus bleiben ungebrochen.

Der *Konfuzianismus* wird geistige Grundlage der kaiserlichen Verwaltung, der Beamtenausbildung und der Erziehung; seit T'ai-tsung im gesamten Reich Errichtung von Gedächtnistempeln für Konfuzius.
Nach wie vor starke Anziehungskraft des *Taoismus*, der sich zu einer Religionsgemeinschaft organisiert; Lao-tzu erhält durch kaiserliches Dekret die Bezeichnung »Göttlicher Herrscher der erhabenen Mystik«.
Der *Buddhismus* gewinnt bei weiterer Angleichung an die chinesische Mentalität den Status einer Art »Reichskirche« mit einem vom Kaiser ernannten Mönch an der Spitze. Buddhistische Tempel und Klöster in allen Landesteilen; ihnen angeschlossen häufig Krankenhäuser, Pflegeheime, Gasthöfe, aber auch Banken und Warenmagazine für Kaufleute. Durch Stiftungen sowohl von den Gläubigen als auch von mehreren Kaisern, die durch oft erhebliche Überweisungen an die Klöster ihre Stellung im Volk festigen wollen, wird der Buddhismus zu einer starken Wirtschafts- und Finanzmacht.

Im letzten Jahrhundert der T'ang-Zeit durch den Kaiser **Wu-tsung** Verbot aller fremden Religionen; das Verbot richtet sich in erster Linie gegen den Buddhismus, und zwar aus fiskalischen Gründen, um mit der Einziehung des buddhistischen Besitzes die Finanznot des Staates zu beheben. Nach dem Tode des Kaisers wird unter dem Druck der Volksstimmung das Verbot zurückgenommen, jedoch ohne Zurückgabe der eingezogenen Vermögenswerte. **841–846**

Die T'ang-Zeit gilt als eine der geistig und künstlerisch regsamsten in der chinesischen Geschichte. Die Vielfalt und die Höhe der Leistungen haben wesentlich zu dem Ruf Chinas, vorbildliches Land Asiens zu sein, beigetragen. **Kulturelles Leben**

Nachrichtensammlungen über die westlichen Länder, ursprünglich als Unterlagen für politische Entschlüsse der Kaiser und ihrer Ratgeber gedacht, *Wissenschaft* sind heute noch als Quellen für die damaligen Verhältnisse verwendbar; am bekanntesten der Reisebericht des buddhistischen Pilgers und chinesischen Gelehrten **Hsüan-tsang** *Hsi-yü-chi* = »Beschreibung der westlichen Lande«.

Von **Liu Chih-chi** das erste Werk über Geschichtsphilosophie und Methoden der Geschichtsschreibung *Shih t'ung* = »Zusammenfassende Untersuchung über die Geschichtswissenschaft«.

Kartographische Aufnahme des gesamten Reichsgebietes einschließlich der unterworfenen Teile; die Karten nicht mehr erhalten, aber durch geographische Werke bezeugt.

Enzyklopädien, nach Sachgebieten zusammengestellt, entstehen in Fortsetzung der schon während der Sui-Dynastie sich abzeichnenden chinesischen Neigung zur Systematisierung; neben ihrem Zweck als Nachschlagewerke dienen sie als Lehrbücher für die kaiserlichen Prüfungen.

Neukommentierung der konfuzianischen Klassiker. Auf Anregung der Kaiserin Wu Versuch einer Synthese von Konfuzianismus, Taoismus und Buddhismus mit dem Ziel, eine gemeinsame geistige Grundlage für möglichst viele Chinesen zu schaffen, in dem synkretistischen Werk *Sanchiao-chiao-ying* = »Ausgewählte Perlen der drei Weltanschauungen«, zusammengestellt von einer von der Kaiserin ausgewählten Kommission.

Dichtung

In der Geschichte der Literatur gilt die T'ang-Zeit als »Goldenes Zeitalter«, vornehmlich der *Lyrik* als Gestaltung persönlicher Erlebnisse. Eindruck vermittelt die Sammlung *Ch'üan T'ang-shih* = »Gesammelte Gedichte der T'ang-Zeit«, die über 48 000 Gedichte von 2200 Autoren aus allen Ständen enthält. Die als »Dreigestirn« bedeutendsten Lyriker sind:

Wang Wei aus der Provinz Shansi, genannt »Buddha der Dichtkunst«, zugleich Maler, Kalligraph und Musiker;

Li Po, auch **Li T'ai-po**, wird als größter chinesischer Lyriker angesehen, Taoist aus dem nordwestlichen Grenzbezirk;

Tu Fu aus Honan, engagierter Konfuzianer.

Hohen Rang in der chinesischen Literaturgeschichte haben auch die in der

westlichen Welt durch Übersetzungen weniger bekannten Lyriker **Meng Hao-jan** und **Po Chü-i**.

In der *Prosa* herrscht das Streben nach dem kürzesten und zugleich genauesten Stil vor; Pflege des Essays und der Kurzgeschichte, aus der sich später

der Roman entwickelt. Hauptvertreter sind **Liu Tsung-yüan** und der Begründer der *Ku-wen-Bewegung* = Erneuerung des Altertums, **Han Yü**. Er und seine Bewegung sehen im Buddhismus einen hinduistischen Aberglauben, der für die Mißstände der ausgehenden T'ang-Zeit wesentlich verantwortlich sei; literarischer Vorläufer des Neokonfuzianismus des 11. Jahrhunderts.

Unter buddhistischem Einfluß aus Zentralasien Pflege der *Ballade*. (Aus ihr entwickelt sich das Drama als literarische Hauptform der Yüan-Dynastie.)

Am Hofe Hsüan-tsungs Anfänge der *Oper* mit genau gefaßten, für spätere Zeiten normsetzenden Tanz- und Bewegungsvorschriften. Gründung eines kaiserlichen *Theateramtes* und einer Theaterschule, der »Birnbaumgesellschaft«.

Theater

750

Zunahme der Musikausübung in allen Volksschichten, *Erweiterung des Musikamtes* auf zehn Abteilungen zur umfangreichen musikalischen Betreuung des Volkes, da die Überzeugung des Konfuzius von den moralischen Werten der Musik wieder aufgelebt ist. Die Zither wird Hauptbegleitinstrument bei den buddhistischen Meditationen. Neu ist, von den Nomadenvölkern übernommen, eine Aneinanderreihung von Rohren verschiedener Länge als einer Art Mundharmonika. Errichtung zahlreicher Musikschulen in den Konfuziustempeln.

Musik

Parallel zur Blüte der Dichtung und der Musik auch Blüte der Malerei, ebenfalls unter dem Einfluß Hsüan-tsungs. Als bedeutendste Vertreter dieses Kunstzweiges gelten die Portrait- und Gesellschaftsmaler **Chang Hsüan, Ch'en Hung, Ts'ao Pa**; als Jagd- und Tiermaler **Fen Shao-cheng** und **Han Kan**, letzterer besonders als Pferdemaler; als Landschaftsmaler **Li Ssu-hsün**; als größter Maler dieser Epoche wird **Wu Tao-tse**, der Schöpfer vieler buddhistischer Wandbilder, angesehen, genannt »Meister der großen Pinselkraft«.

Malerei

um 700–792

Wie von der Architektur der T'ang-Zeit ist auch von der Malerei nichts erhalten, außer einigen Gemälden in neu entdeckten Grabkammern. Eine Vorstellung sonst nur möglich aus Bildbeschreibungen, einigen Kopien oder Reproduktionen, die sich in Japan befinden.

Nach chin. Auffassung ist die Skulptur eine zweitrangige Kunst. Erst durch den Buddhismus Anregung zu größeren Plastiken und Monumentalstatuen als Ausdruck der Überwindung menschlicher Begierden und Gefühle, was künstlerisch eine starke Abstraktion der dargestellten Figuren zur Folge hat. Daneben aber setzt sich auf Grund des Ahnenkultes das Bestreben nach einem möglichst realistischen Stil mit größter Echtheit in Gesicht, Haltung, Gebärde und Tracht immer wieder durch. Kleinplastiken aus Grabfunden geben in ihrer Vielfalt ein umfassendes Bild des zeitgenössischen Lebens.

Skulptur

Über die tatsächlichen Anfänge der Porzellanherstellung ist nur wenig bekannt. Porzellanähnliche Töpferwaren mit grünlich-grauer oder bräunlich-gelber Glasur schon während der Han-Zeit; seit dem 9. Jahrhundert das erste echte Porzellan, das bald begehrter Exportartikel für Japan, Hinterindien, Vorderasien und Ägypten wird.

Porzellan

Gegen Ende der Dynastie Erfindung des *Holzplattendruckes*, dessen Vorläufer der Abdruck von Steinschriften oder geschnitzten Siegeln war. Zuerst angewandt von buddhistischen Mönchen für religiöse Traktate. (Die ersten Druckversuche mit beweglichen Typen aus Holz, Metall oder gebranntem Lehm werden in China seit der Mitte des 11. Jahrhunderts nach koreanischem Vorbild gemacht.)

Das Hochmittelalter

Das Hochmittelalter wird nach der Abdankung des letzten T'ang-Kaisers mit der dreiundfünfzig Jahre dauernden Zeit erneuter innerer Zerrissenheit, der Zeit der »Fünf Dynastien«, eingeleitet. Sie wird abgelöst durch die *Sung-Dynastie*, deren Gründer ein General ist, der von seinen Soldaten zum Kaiser erhoben wird. Das Reich wird wieder geeint. Trotz der nahezu ständigen Bedrohung durch die im Norden und Nordosten auftretenden Völkerschaften der Kitan und der Ju-chen gilt die Zeit dieser Dynastie in Fortführung der T'ang-Zeit wegen der Vielfalt des Geisteslebens, der Reife der künstlerischen Gestaltung und der Neubelebung und Neuformulierung des Konfuzianismus als Höhepunk der mittelalterlichen Kultur Chinas. Politisch wird die weitere Festigung des Gedankens der Reichseinheit und des Zusammengehörigkeitsgefühls aller Chinesen unter einer zentral lenkenden Regierung das charakteristische Merkmal.

Diese politischen Tendenzen bleiben auch nach dem Zusammenbruch der Sung-Dynastie bestehen; sie werden während der Zeit der *Mongolen- oder Yüan-Dynastie* verstärkt. Die Unterdrückungs- und Ausbeutungsmethoden dieser mongolischen Fremdherrschaft führen alle Chinesen zusammen und tragen wesentlich zu dem bis heute lebendigen Nationalstolz bei.

Die »Fünf Dynastien« 907–960

Die Unruhen, die zur Abdankung des letzten T'ang-Kaisers geführt haben, lassen keine politische Stabilität zu. Unterschiedliche Entwicklung im Reich. Im Nordteil fünf Dynastien, die einander in schneller Folge ablösen, gegründet von militärischen Abenteurern, die den Kaisertitel für sich beanspruchen. Trotz der bürgerkriegsähnlichen Verhältnisse, in die auch die halbnomadischen Grenzvölker eingreifen, und trotz der kurzen Dauer der einzelnen Dynastien werden sie in der chinesischen Geschichtsschreibung als legitim angesehen mit der Begründung, daß das oberste Ziel ihrer Politik die Wiedergewinnung der Reichseinheit und die Rückgewinnung chinesischen Bodens gewesen sei. Nach ihnen wird daher dieser Zeitabschnitt benannt.

Die fünf Dynastien sind: *Spätere Liang*, 907-923, *Spätere T'ang*, 923-937, *Spätere Chin*, 937-946, *Spätere Han*, 947-950, und *Spätere Chou*, 951-960. Ihre Namensgebung zeigt, daß sie sich trotz Rivalitäten und innerer Kämpfe der Vergangenheit im konfuzianischen Sinne verpflichtet fühlen.

Im Süden Vorherrschen von Kräften, die, von den ehemaligen Gouverneuren der T'ang-Zeit herkommend, mehr auf Wahrung ihrer regionalen Eigenständigkeit und ihrer Sonderinteressen bedacht sind als auf Wiederherstellung des Einheitsstaates. Es ist die Zeit von zehn nebeneinander bestehenden Staaten, die als illegitim gelten, da ihnen die Kraft und der Wille zur Wiedervereinigung des Reiches fehlt.

Wegen der ständigen Unruhen im Norden weitere Abwanderung vieler Kräfte, besonders vieler Bauern, in den Süden. Das untere Yangtse-Tal wird Chinas blühendste Region. Im Norden bleibt jedoch das *politische* Schwergewicht, da wegen der dortigen Bürgerkriegsverhältnisse und der Bedrängnisse durch die Grenznachbarn der Gedanke der Reichseinheit und das Verlangen nach Wiedervereinigung von ganz China im Volk am stärksten lebendig geblieben ist.

960   Der entscheidende Schritt dazu erfolgt durch den Nord-General **Chao K'uang-yin**, der von seinen Soldaten zm Kaiser ausgerufen wird. Nach langdauernden inneren Schwierigkeiten wird er unter dem Kaisernamen **T'ai-tsu** Gründer der dreihundert Jahre herrschenden *Sung*-Dynastie.

Die Sung-Dynastie 960–1279

Die Zeit der Sung-Dynastie ist innenpolitisch bestimmt durch Zurückdrängung des militärischen Einflusses und Ausbau des zivilen Regierungsapparates mit dem Ziel einer konsequenten bürokratischen Zentralregierung.

Hinsichtlich der geographischen Ausdehnung und des machtpolitischen Gewichts Chinas in Ostasien ein erhebliches Zurückfallen gegenüber den Han- und T'ang-Zeiten. Es ist der Bedrohung durch feindliche Nachbarn nicht mehr gewachsen und muß Verluste größerer Gebiete im Norden mit den wichtigsten Handelsstraßen in den Westen hinnehmen. Auch ist es gezwungen, zur Wahrung der Ruhe an seinen Grenzen Beschwichtigungstribute an die Halbnomaden zu zahlen.

Trotz dieser Tribute geht nach zweieinhalb Jahrhunderten Herrschaft der Dynastie die nördliche Reichshälfte an die aus der Mandschurei anstürmenden nomadisierenden *Ju-chen* verloren. Eroberung der Sung-Hauptstadt *K'ai-feng* und Gefangennahme des Kaisers. Fortsetzung der Dynastie durch den in den Süden geflohenen Bruder des Kaisers als **»Südliche Sung-Dynastie«.** 1125 1127–1279

Ungeachtet dieser Rückschläge zählt auch die Sung-Zeit wegen der geistigen Regsamkeit und künstlerischen Entfaltung zu den Blütezeiten der chinesischen Kultur. Vermutlich hat die Dynastie es nur den kulturellen Leistungen zu verdanken, daß sie sich über drei Jahrhunderte gehalten hat.

Chao K'uang-yin, General in einer der »Fünf Dynastien« des Nordens, Kaisername **T'ai-tsu**, wird Gründer der Dynastie für das ganze Reich fast ohne jede Gewaltanwendung, nur durch geduldige und elastische Politik, wobei ihm die starke Sehnsucht im Volke nach Frieden und Einheit entgegenkommt. Die Hauptkaiser 960–976

Mit ihm Beginn einer neuen Richtung in der chinesischen Geschichte, die gekennzeichnet ist durch Entmilitarisierung von Staat und Gesellschaft: Begrenzung der Truppenstärke, Unterstellung der militärischen Führungsschicht unter die Zivilverwaltung, Vereinigung aller staatlichen Aufgaben in der Zivilverwaltung.
In der auswärtigen Politik herrscht das Prinzip möglicher Koexistenz und des Gleichgewichts bei Verzicht auf militärische Lösungen vor.

Unter **Chen-tsung** Bedrohung des Reiches im Norden durch den mongolischen **Kitan-Staat**, auch *Liao* genannt nach dem gleichnamigen Fluß in der südlichen Mandschurei; im Nordwesten durch den aus türkischen und tibetischen Elementen bestehenden *Hsi-Hsia-Staat*. Nach langen Kämpfen zwischen den Parteien einer kämpferischen und einer passiven Außenpoli- 998–1022 tik entscheidet sich der Kaiser für Verzicht auf Gewaltanwendung und für eine Verständigungspolitik mit jährlichen Zahlungen von Gold und Seide als Beschwichtigungstribute. Diese müssen im Laufe der Jahre unter erpresserischen Drohungen der Grenzvölker ständig erhöht werden. In den Sung-Quellen »Geschenke« genannt, in Kitan- und Hsi-Hsia-Quellen »Tribute«.

Moderne chinesische Historiker sehen in dieser außenpolitischen Konzeption eine Schande und einen Verrat an der chinesischen Tradition, nach der alle Fremdvölker die überragende Stellung Chinas als des »Reiches der Mitte« und seine Kaiser als »Söhne des Himmels« hätten anerkennen sollen.

1068–1085 Die Regierung des Kaisers **Shen-tsung**, des sechsten Sung-Kaisers, ist denkwürdig wegen der *sozialen Reformen*, veranlaßt von dem ersten Berater **Wang An-shin**
1. zum Schutz der Bauernschaft als Grundlage des Staates,
2. zur Wahrung der Stabilität im Innern und
3. zur Stärkung der Verteidigungsbereitschaft:
Bodenvermessung zur gerechteren Besteuerung, Staatsdarlehen zu niedrigem Zinsfuß an Bauern mit Landzuwendungen, Preisüberwachungsgesetze, Pferdezuchtgesetze, um die Reiterei der Armee von der bisher noch notwendigen Pferdeeinfuhr aus dem Ausland unabhängig zu machen, Gründung des milizartigen »Zehntschaftssystems« als Ergänzung der regulären Armee, aber auch als Gegengewicht zu ihr.

Die Reformen scheitern an den Großgrundbesitzern, an den mit Bodenbesitz spekulierenden Kaufleuten und an der Unbeweglichkeit des Staatsapparates. Trotz des Scheiterns im einzelnen haben die Reformversuche eine Verstärkung der Tendenz zum kaiserlichen Absolutismus und zur Stärkung der Zentralgewalt zur Folge.

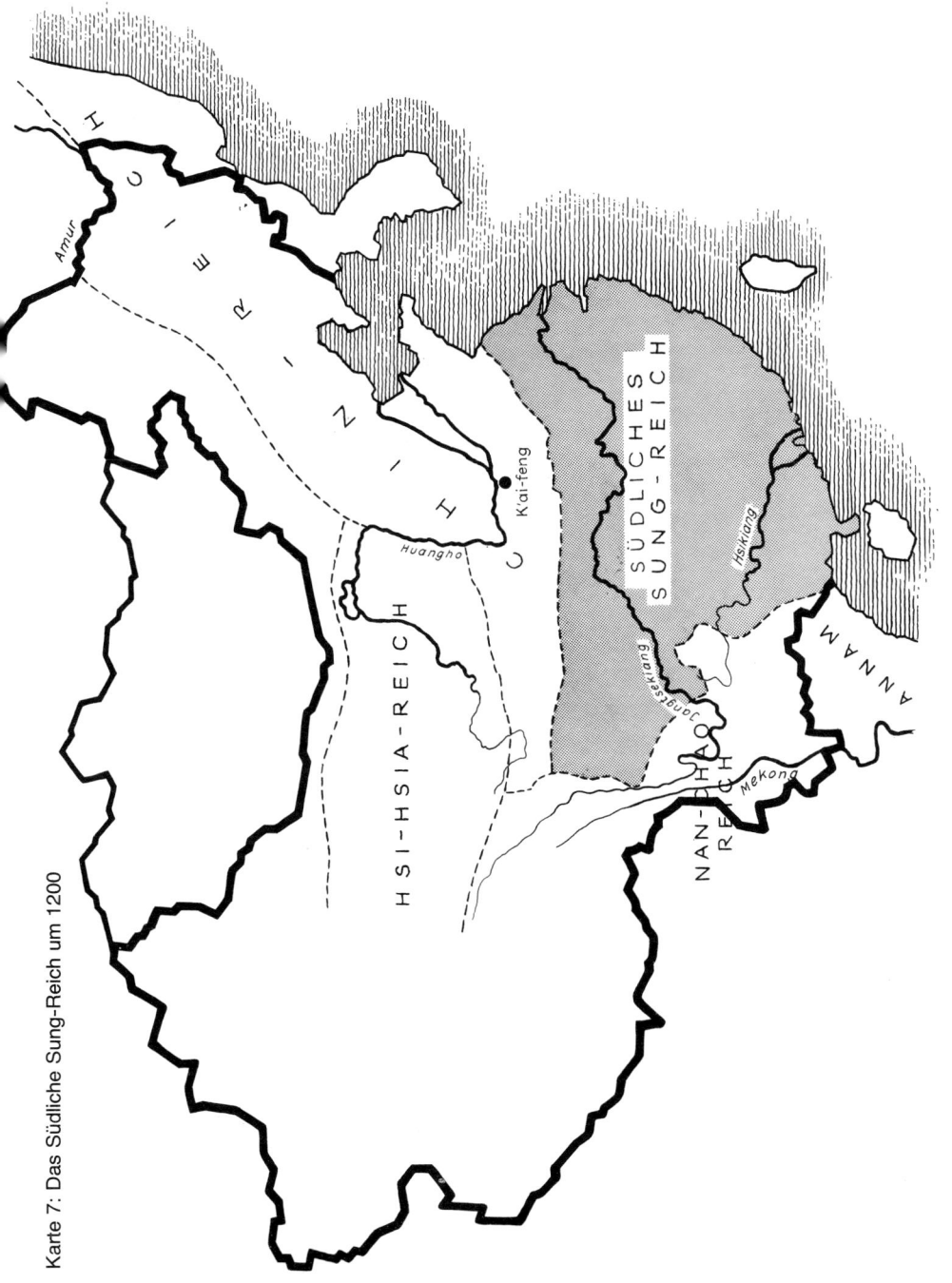

Karte 7: Das Südliche Sung-Reich um 1200

65

1101–1125	**Hui-tsung**, »der Kunstkaiser«, Förderer aller Künste, selbst Maler und Kalligraph von hohem Rang. Unter ihm führt die auf militärischer Passivität beruhende, bisher geübte Beschwichtigungs- und Verständigungspolitik zum Verlust der nördlichen Reichshälfte: ein Bündnis Chinas mit den in der östlichen Mandschurei lebenden *Ju-chen*, genannt auch *Chin* nach einem Fluß in der Mandschurei, führt zwar zum Zusammenbruch des Kitan-Reiches. Doch sogleich wenden sich die siegreichen Ju-chen gegen ihre chinesischen Verbündeten: Vorstoß über den Huangho, Eroberung der Sung-Residenz *K'ai-feng*, Gefangennahme und Selbstmord des Kaisers.
1126–1162	Einem Bruder des Kaisers gelingt die Flucht in den Süden, wo er als Kaiser **Kao-tsung** die Dynastie als »*Südliche Sung*« mit der Hauptstadt *Hangchou* fortsetzt. Angriffe der Ju-chen auf den Südteil des Reiches zwingen diesem einen demütigenden Frieden mit hohen Tributzahlungen und Geiselgestellungen auf.
Untergang der Dynastie	Die sichtbar gewordene Schwäche auf Grund mangelnden Wehrwillens lädt die neue asiatische Großmacht der *Mongolen* unter der Führung **Dschingis-Khans** ein, sich ebenfalls Chinas zu bemächtigen. Nach Zerstörung des Hsi-Hsia-Reiches durch seinen Sohn **Ogodai** Vernichtung des Ju-chen-Reiches, womit Nordchina, das von ihnen besetzt ist, unter mongolische Herrschaft gerät. Die überlebenden Ju-chen ziehen sich in die Mandschurei zurück. (Erst im 16. Jahrhundert wieder geschichtliches Auftreten als Volk der *Mandschu*.)
1233/34	
1260 1279	Nach der Ausrufung des Dschingis-Khan-Enkels **Kublai** zum Großkhan aller Mongolen Beginn der Unterwerfung ganz Chinas in langandauernden Kämpfen. Ende der Dynastie. Kublai-Khan erklärt sich, neben seiner Herrscherstellung im mongolischen Steppenreich, zum Kaiser von China und zum Gründer einer neuen Dynastie in China, der er den Namen **Yüan** = »Uranfang« gibt.
	In der heutigen chinesischen Geschichtsschreibung werden die zum Untergang der Dynastie führenden Ereignisse als Folge einer illusionären Friedens- und Beschwichtigungspolitik und als unvereinbar mit dem chinesischen Nationalbewußtsein angesehen.
Staatsaufbau	Staatsaufbau und Staatsverwaltung der Sung-Dynastie sind für die nachfolgenden Dynastien richtungweisend geworden. Machtbefugnisse des Kaisers in der Weise eines *maßvollen Absolutismus*: *Primat der Zivilgewalt* mit Unterstellung des Militärwesens unter die Zivilverwaltung. *Verschärfung der Staatsprüfungen* mit Schwerpunkterziehung zum Staatsethos und – zum Unterschied zur T'ang-Zeit – *Öffnung* der Beamtenlaufbahn für Angehörige aller Schichten.

66

Die »*Sekretariatskanzlei*« mit sechs Abteilungen (Personal, Finanzen, Ritenwesen, öffentliche Arbeiten, Justiz, Militär) ist oberstes Organ der Zentralverwaltung.

Der »*Staatsrat*«, bestehend aus fünf bis neun Beamten der Staatskanzlei, vom Kaiser unmittelbar zu seiner Beratung in allen Fragen des Reiches berufen, ohne daß er an die Empfehlungen der Räte gebunden ist.

Das »*Amt für politische Kritik*« ist Aufsichts- und Untersuchungsorgan für alle Bereiche staatlicher Betätigung.

Das »*Amt für Akademiker*«, bestehend aus in Bildung, Kunst und Wissenschaft hervorragenden Persönlichkeiten, ist Ratgeber des Kaisers in Fragen, die nicht nur in den Bereich der Verwaltung fallen.

Das »*Amt für Militärfragen*« unter dem Staatsrat vertritt die Belange des Heeres; zugleich ist es Aufsichtsorgan mit dem Hauptzweck, Machtanhäufung unter den Militärbefehlshabern zu verhindern und politische Willensbildung im Heer unter Kontrolle zu halten.

Verwaltungsgliederung des Reiches in 26 Provinzen, 300 Präfekturen mit 1300 Kreisen, noch vor den späteren Gebietsverlusten gezählt.

Kunst

Die Sung-Zeit gilt als klassische Zeit der Künste, der Literatur und der Wissenschaften. Elitekultur und Volkskultur decken sich nahezu; die Maßstäbe der Oberschicht werden in allen Volkskreisen als richtunggebend anerkannt.

Malerei

An erster Stelle künstlerischer Betätigung steht die *Malerei*, gefördert durch den »Künstlerkaiser« Hui-tsung, den Gründer der ersten Akademie für Malerei in China. Nur wenige Bilder haben die Kriegswirren und die nachfolgende Mongolenherrschaft überstanden. Laut überliefertem Verzeichnis gab es allein in der kaiserlichen Galerie 6192 Bilder.

Bevorzugt wird die *Landschaftsmalerei*, deren Vorläufer **Li Ssu-hsün**, ein Urenkel des ersten T'ang-Kaisers, ist. Zwei Richtungen bilden sich im elften Jahrhundert heraus:

der realistische Stil mit Betonung der Feinheit in der Ausführung mit den Hauptvertretern **Li Kung-lin**, auch genannt Li Lung-mien, und **Kuo Hsi**

und das Landschaftsbild als Gefühlsausdruck mit den Hauptvertretern **Mi Fei** und **Ma Yüan**; oft werden Panoramarollen mit Darstellung weiter und kontrastreicher Landschaften gewählt.

Daneben *Tuschemalerei* mit Herausarbeitung der Grauschattierungen mit gelegentlichen Farbtupfen; mit Vorliebe von japanischen Malern nach dem Untergang der Sung-Dynastie bis ins 16. Jahrhundert nachgeahmt.

Porzellan

Lebhafter *Porzellan*-Export bis nach Vorderasien und Ägypten. Die Erzeugnisse dieser Zeit gelten bei Sammlern als die vollendetsten der chinesischen Porzellankunst; erstes Auftreten des lavendelfarbenen und purpurnen Porzellans und des jadegrünen Seladon, das, damals nur für den kaiserlichen Hof hergestellt, großen Seltenheitswert hat; die meisten Stücke davon außerhalb Chinas im Topkapi-Palast in Istanbul.

Architektur Ausbildung der aufwärtsgeschwungenen Dachtraufe, deren Anfänge schon in der T'ang-Zeit liegen, wird charakteristisches Merkmal.

Dichtkunst Pflege aller bisher üblichen literarischen Formen, aber mit Wendung zum Volkstümlichen und zur umgangssprachlichen Unterhaltungsliteratur, erleichtert durch die sich seit der T'ang-Zeit ausbreitende Drucktechnik. Vorliebe für das Lied mit ungleich langen Zeilen oft nach einer vorgegebenen Melodie, *Tz'u-Dichtung*, anstelle des Gedichts mit gleichmäßigen Zeilen; dadurch Lösung aus konventionellen Fesseln mit der Möglichkeit größerer Ausdrucksfreiheit und auch Ausdruckskraft. Es entsteht eine Natur- und Liebeslyrik, die nicht nur in der chinesischen Literatur, sondern auch in der Weltliteratur wegen der Tiefe der Empfindung und Verfeinerung des Ausdrucks zu einem der Höhepunkte gezählt wird.

1036–1101 Dichter von hohem Ansehen sind **Su Shih**, genannt **Su Tung-p'o**, zugleich
1007–1072 Maler und Kalligraph, und der Staatsmann **Ou-yang Hsiu**; diesen ebenbürtig ist die hundert Jahre später lebende Dichterin **Li Ch'ing-chao**. Als neue dichterische Gattung treten auch die »Pinselaufzeichnungen« auf: essayhafte Notizen, Betrachtungen und Anekdoten nach Beobachtungen und Erlebnissen des Alltags. Sammelwerk von gängigen Dichtungen der
um 1200 Zeit ist *Po-ch'uan hsüeh-hai* = »Meer des Wissens mit hundert Zuflüssen«.

Wissenschaft Viele Lehrbücher bzw. Handbücher über Botanik, Mathematik, Geologie, Medizin, Agrikultur, Architektur, Strategie und Waffentechniken vermitteln ein Bild von umfassender geistiger Regsamkeit auf hohem wissenschaftlichem und technischem Stand, zahlreiche und große Enzyklopädien zeugen mehr noch als in der T'ang-Zeit von der chinesischen Neigung zum Sammeln und Systematisieren.

Das Geschichtswerk *Tzu-chich t'ung-chien* = »Durchgehender Spiegel als
1019–1086 Hilfe für die Regierung« von **Ssu-ma Kuang** gibt in 294 Kapiteln aus der Geschichte gewonnene Erfahrungssätze für politisches Handeln und dient als Lehrbuch bei den kaiserlichen Prüfungen.

Philosophie Das philosophische Denken wird von der Neubelebung und Neuformung des Konfuzianismus beherrscht. Während der T'ang-Zeit entsprechend der Weltoffenheit der Dynastie vorwiegend Beschäftigung mit nicht-chinesischen Weltanschauungen und Religionen, während der Sung-Dynastie dagegen in Parallelität zur außenpolitischen Beschränkung Rückbesinnung auf die »klassische« Überlieferung; sie führt zum *Neokonfuzianismus* als einer der Tradition verpflichteten Bewegung mit dem Ziel, die konfuzianischen Vorstellungen unter den veränderten Zeitverhältnissen wieder zur Geltung zu bringen.

Anstoß zu dieser Bewegung hatte schon im 9. Jahrhundert der Gegner des Buddhismus **Han-Yü** gegeben, er wird zweihundert Jahre später durch den Dichter-Staatsmann **Ou-yang Hsiu** wieder aufgenommen. Die Abrun- — 1007–1072
dung und Formulierung zur neuen Orthodoxie erhält die Bewegung durch den konfuzianischen Gelehrten **Chu Hsi** in seiner Auslegung der Klassiker: — 1130–1200
Die fünf Grundtugenden des Konfuzius, Gerechtigkeit, Rechtschaffenheit, Güte, Weisheit und Vollkommenheit, werden zu der alten Fünf-Elementenlehre und zu der Yin-Yang-Vorstellung in Beziehung gesetzt. Das Dasein des einzelnen und die Forderungen der Gesellschaft an ihn werden damit durch metaphysische und kosmologische Spekulationen unterbaut, d.h. transzendente Einbettung der traditionellen Ethik.

Hochschätzung der Familie sowohl als Abbild des Universums als auch als Bindeglied zwischen dem einzelnen und dem Staat. Mit der Wertung der Frau als Ruhepunkt der Familie im Gegensatz zu vielen politisch und auch militärisch tätigen Frauen in den vorangegangenen Perioden beginnt die Mode der eingebundenen Füße als symbolisches Zeugnis der beharrenden Mitte .

Chu Hsis Klassikerauslegung gewinnt als Neokonfuzianismus in den nachfolgenden Jahrhunderten bis in die neuere Zeit hinein tiefen Einfluß auf das chinesische Leben; zu Beginn der Ming-Dynastie im 14. Jahrhundert wird Chu Hsi zum größten Weisen nach Konfuzius ernannt. Großer Einfluß auch in Japan und Korea.
(Nach Ansicht der Reformer des 19. und 20. Jahrhunderts galt Chu Hsis Lehre von der Übereinstimmung der Staatsordnung mit der kosmischen Ordnung und von der Gleichsetzung des Kaisers mit dem »Obersten Wesen« als das Haupthindernis für notwendig gewordene Reformen.)
Kanonische Schriften werden, in Ergänzung zu den bisherigen Klassikern,

Lun-Yü	= »Erörterungen und Gespräche«, eine Sammlung von angeblichen Aussprüchen des Konfuzius,
Meng-tzu	= »Buch des Menzius«,
Chung-yung	= »Innehaltung der Mitte«, eine Sammlung von Riten und Verhaltensregeln,
Ta-hsüeh	= »Die Große Lehre«, eine Ergänzung der vorherigen Schrift mit der Absicht, den Zusammenhang von Individuum, Gesellschaft und Kosmos aufzuzeigen.

1. Wegen der militärisch gefährdeten Lage im Nordteil des Reiches Abwanderung großer Bevölkerungsteile in den Süden; dadurch weitere Verlagerung der Wirtschaftskraft dorthin. — **Wirtschaftliche und soziale Verhältnisse**
2. Das untere Yangtse-Tal als »*Kornkammer*« des Reiches gewinnt durch Ausbau der Bewässerungsanlagen, durch verbesserte landwirtschaftliche

Geräte und durch Züchtung neuer Getreidesorten eine bisher noch nie erreichte Höhe der Ernteerträge; im Süden auch Schwerpunkt des Teeanbaus.

3. Neuanlage zahlreicher *Binnenwasserstraßen* und Aufschwung der Küstenschiffahrt für den Güteraustausch auch zwischen entfernt liegenden Landesteilen.

4. *Steigerung des Außenhandels* sowohl mit den innerasiatischen Völkerschaften als auch über die Häfen des Südens, vornehmlich von Kanton aus, mit Japan, Indochina, Malaya, Indien und mit dem arabischen Nahen Osten. Der Handelsverkehr geschieht bei möglichster Ausschaltung aller Fremden auf chinesischen Schiffen von beträchtlicher Größe. Erleichtert wird die Schiffahrt durch die Einführung des magnetischen Kompasses, dessen erste Erwähnung bei dem Ingenieur und Astronomen **Shen Kua** in seinem Buch *Meng ch'i pi t'an* = »Traumteich-Aufsätze« steht.

Hauptexportgüter sind: Seide, Brokate, Porzellan,

Hauptimportgüter: Gewürze, Hölzer, Korallen, Perlen.

Gefördert wird der Handel durch das Monopol des Staates, Papiergeld auszugeben; es wird in allen Reichsteilen anerkanntes Zahlungsmittel.

5. An vielen Flußmündungen und Flußeinmündungen entstehen *Handelsumschlagplätze* mit ein bis zwei Millionen Einwohnern. Aufteilung der Städte mit abgegrenzten Geschäfts-, Handwerker-, Markt- und Vergnügungsvierteln; unter städtischer Verwaltung soziale Einrichtungen, wie Heime für Waisenkinder, für Kranke und Alte, Arbeitsvermittlungsstellen, kostenfreie Apotheken. Zusammenschlüsse der Handwerker zu Gilden mit weitgefächerter Spezialisierung.

6. Führende Schicht in Staat und Gesellschaft ist das *gelehrte Beamtentum*, das nicht mehr allein aus dem Großgrundbesitzerstand kommt, sondern aus allen Volksschichten. Als Instrument des kaiserlichen Zentralisierungsstrebens wird es die Grundlage der »bürokratischen Gesellschaft«. Entsprechend chinesischer Tradition nach wie vor Geringschätzung des Kaufmannsstandes trotz seiner Bedeutung für die Wirtschaft und trotz des Wohlstandes vieler Kaufleute.

7. Auf dem Lande entstehen *landwirtschaftliche Großbetriebe*, wobei viele Kleinbauern ihre Selbständigkeit verlieren und zu »Pächtern« mit dem Status eines Halbleibeigenen werden. Versuche zur Rettung des selbständigen Bauerntums scheitern.

1030–1093

ab 1023

Die Mongolen- oder Yüan-Dynastie

Nach dem Fall der Süd-Sung-Dynastie wird ganz China Teil des von Dschingis-Khan gegründeten mongolischen Großreiches. Der Eroberer **Kublai**, der Großkhan der Mongolen, war fasziniert von der chin. Kultur. Er erkennt bald, daß China anders behandelt werden müsse als die anderen eroberten Gebiete. Neben seiner Würde als Großkhan macht er sich zum Kaiser von China und sieht sich als Gründer einer nur China eigenen Dynastie. Das Reich bekommt damit innerhalb des mongolischen Großreiches einen Sonderstatus.

Die Politik der Dynastie gegenüber den Chinesen wird bestimmt von der latenten Furcht vor der zahlenmäßigen Übermacht der Unterworfenen und vor der Anziehungskraft der chin. Kultur. Mongolen und ihre zentralasiatischen Verbündeten stellen die Oberschicht. Ihre Herrschaft, gestützt auf zahlreiche im Lande verteilte Garnisonen, nimmt die Form brutaler Unterdrückung und Ausbeutung an. Das gibt den Anstoß zu zahlreichen Aufständen der Chinesen, die zum schnellen Untergang der Yüan-Dynastie führen.

Trotz der kurzen Dauer der Fremdherrschaft hinterläßt sie tiefe Spuren, die für die weitere Entwicklung Chinas von Bedeutung werden:
1. durch Stärkung der schon unter den Sung-Kaisern vorhandenen Neigung zur zentralistischen Regierungsform, welche die Mongolen rigoros ausbauen;
2. durch das Vorbild der absolutistischen Machtstellung des Kaisers, was in den nachfolgenden Dynastien zu einer gefährlich weiten Kluft zwischen Kaiser, Hof und Volk führt;
3. durch weitere Stärkung und Ausbreitung des Nationalstolzes, nachdem im Umgang mit der fremden Oberschicht allen Chinesen die Überlegenheit ihrer Lebensweise in allen Bereichen sichtbar geworden war.

Kublai, Enkel Dschingis-Khans, Großkhan aller Mongolen, zugleich erster Mongolenkaiser in China und Gründer der Yüan-Dynastie, Kaisername **Shih-tsu.** Yüan = »Uranfang«.

**Die Hauptkaiser
1280–1294**

Ta-tu oder *Chan-Balyq,* das heutige Peking, wird – zuerst noch Winterresidenz – Sitz aller Zentralbehörden; weiträumiger Ausbau der Stadt. Bei Marco Polo, der lange im Dienst Kublais stand, und in anderen europäischen Quellen auch *Cambaluc* genannt.
Zur Versorgung der Hauptstadt und zur politischen Anbindung des Südens an den Norden Wiederherstellung des *Kaiserkanals* und Bau eines neuen Kanalsystems von Hang-chou am unteren Yangtse-Tal bis nach Peking; Hauptverkehrsader Chinas bis zum Bau der Eisenbahnlinien im 19. und 20. Jahrhundert.

Aufbau eines über das ganze Land gezogenen Netzes von *Poststationen* zur schnellen Nachrichtenübermittlung.

Straffer Zentralismus; die Provinzialregierungen sind nur mechanische Ausführungsapparate der Pekinger Zentrale. Das *Amt für politische Kritik* der Sung-Zeit wird Überwachungs- und Bespitzelungsorgan der Mongolendynastie.

Zur weiteren Sicherung der mongolischen Herrschaft erläßt Kublai am Ende seiner Regierung noch die *Nationalitätengesetze,* nach denen die Einwohner Chinas in vier Klassen eingeteilt werden:

a) Mongolen mit Zugang zu den höchsten Ämtern und mit Steuerbefreiung;

b) Angehörige der asiatischen Hilfsvölker mit Zulassung zu Staatsämtern der mittleren Ebene, ebenfalls mit dem Vorrecht der Steuerbefreiung und mit der Erlaubnis zum Handel und Geldverleih,

c) die Bewohner Nordchinas mit der Pflicht zu Hilfskraftdienstleistungen für die beiden ersten Klassen;

d) die nahezu rechtlosen Südchinesen, mit denen die Angehörigen der anderen Klassen keine Ehe eingehen dürfen.

Aus Furcht vor Chinas Wiedererstarken mehrere Feldzüge gegen die oft unter chin. Einfluß stehenden Länder Annam, Champa (das heutige Kambodscha), Burma, Tibet, Japan und Java; sie bleiben aber ergebnislos, da sie von den Mongolen aus Furcht vor chin. Aufständen nur lau geführt werden. Nur das Gebiet der heutigen Provinz *Yünnan* wird fest dem Reich einverleibt.

1295–1307 **Temür,** Kaisername **Ch'eng-tsung,** kann die Machtstellung der Mongolen noch aufrechterhalten, aber nur dadurch, daß er die Chinesen für sich zu gewinnen sucht durch Förderung des Konfuzianismus, durch Lockerung der Nationalitätengesetze, durch Einstellung von Chinesen als Fachkräfte für die Verwaltung. Nach seinem Tode beginnt der unaufhaltsame Niedergang der Mongolenherrschaft.

1333–1368 Letzter Kaiser der Yüan-Dynastie ist **Toghan-Temür,** Kaisername **Shunti.** Wegen Verelendung der bäuerlichen Bevölkerung auf Grund der Unfähigkeit der Regierung, der ausbeuterischen Steuerlasten und der übermäßigen Heranziehung zu Fronarbeiten kommt es zu Aufständen, die von Geheimgesellschaften geführt werden. Dem Bauernsohn und buddhistischen Mönch **Chu Yüan-chang** gelingt mit Hilfe der buddhistischen Sekte »*Weißer Lotos*« durch Appell an den Nationalstolz der Chinesen und durch sein gemäßigtes Vorgehen die Zusammenfassung der vielen lokalen Erhebungen zu einer ganz China ergreifenden nationalen Bewegung. Schneller Zusammenbruch der Mongolenherrschaft.

Der Grund für die kurze Dauer der Yüan-Dynastie ist vermutlich nicht Verweichlichung in der chin. Umwelt, wie oft angenommen wird, sondern die Erkenntnis der mongolischen Führungsschicht, China nicht dauernd unter Zwangsherrschaft halten zu können, besonders bei der drohenden Gefahr von Selbständigkeitsbewegungen in anderen Teilen des Mongolenreiches.

Trotz der strengen Trennung zwischen Chinesen und Mongolen unterschwelliges Eindringen einiger mongolischer Anregungen; sie wirken sich in der Kunst und in der Literatur in späterer Zeit als Auflockerung und Befreiung von erstarrten Formen und Maßstäben aus. **Kunst**
Unter mongolischem Einfluß entstehen das *Cloisonné* und die *Teppichknüpferei*.
Neu ist die *»Literatenmalerei«*, d.h. die Maler kommentieren ihre Bilder mit einem kurzen Gedicht oder mit einer kurzen Betrachtung.
Die größten Maler der Zeit wie **Huang Kung-wang, Wu Chen, Ni Tsan, Wang Meng** entziehen sich dem Einfluß des Mongolenhofes und leben als Eremiten.
Erstes Auftreten des *Blau-Weiß-Porzellans*, das in der nachfolgenden Ming-Dynastie seinen künstlerischen Höhepunkt erreicht.

In der Dichtung zeigt sich der lockernde Mongoleneinfluß in erster Linie in dem in der Volkssprache geschriebenen historischen *Abenteuerroman;* die »Geschichte von den Drei Reichen«, vermutlich von **Lo Kuan-chung,** wird Vorbild für alle folgenden historischen Romane. **Dichtung und Theater** **1260–1341?**
Die hervorragendste kulturelle Leistung der Yüan-Zeit ist das *Drama* – genauer Musiktheater – mit häufigen Gesangseinlagen nach Volksliedermelodien und mit Rezitativen, die durch zentral- und westasiatische Musik untermalt sind; Themen aus der chin. Geschichte, der Mythologie oder aus dem Alltag. Unverkennbar ist die moralische bzw. politische Absicht; das Theater, vorher meist nur Possenspiele und von den Konfuzianern als unwürdig abgelehnt, wird unter der Mongolenherrschaft von ihnen als Mittel zur Kritik an den Herrschenden und zur Erhaltung des nationalen Gedankens gefördert.

Toleranz gegenüber allen Religionsgemeinschaften; aber während sie früher bei chin. Kaisern aus Gleichgültigkeit geübt wird, wollen die Mongolenkaiser durch die Duldung aller Religionen die Bildung von unkontrollierten religiösen Gruppen im Untergrund verhindern. **Religiöses Leben**
Erstes Auftreten von christlichen Missionaren; der Franziskanermönch **Johann von Montecorvino** wird vom Papst als Erzbischof von Peking an den Mongolenhof gesandt. Mit dem Ende der Dynastie Ende der ersten christlichen Mission in China. **1294**

Die Ming-Dynastie

Von einigen Historikern, auch chinesischen, wird die Ming-Dynastie = »die Glanzvolle, Glänzende« wegen der nur geringen Zahl herausragender politischer Ereignisse für die Entwicklung Chinas als weniger bedeutungsvoll angesehen. Andere Historiker sehen in ihr die »*chinesischste*« aller Dynastien, da sich während der Regierung der Ming-Kaiser das Bild von China geformt habe, das die westliche Welt mit der Vorstellung vom vorrevolutionären China verbindet.

Die Dynastie tritt mit dem Vorsatz an, nicht nur die Mongolen aus dem Lande zu vertreiben, sondern sich von allen fremden Einflüssen überhaupt zu befreien und die Werte und Vorstellungen des alten Chinesentums wieder zur Geltung zu bringen. Diese Tendenz wird zweihundertundsiebzig Jahre beibehalten. Sie wird nach dem Sturz der Mongolenherrschaft sichtbar in der schnellen Rückkehr zu den traditionellen chin. Lebensformen, künstlerisch in der Nachahmung bzw. Wiederaufnahme der Vorbilder aus der Sung-Zeit und geistig in der Anknüpfung an die Anschauungen des Neokonfuzianismus.

Allerdings wird der Regierungsstil der Ming-Kaiser mehr und mehr von dem Vorbild der autokratischen und despotischen Mongolenherrscher und von deren autoritärem Staatsverständnis bestimmt. Für die nachfolgenden Jahrhunderte behält dieser Stil in China Geltung.
Gegen Ende der Ming-Zeit finden die ersten nachhaltigen Berührungen mit Europäern statt. Es zeigt sich dabei, daß die chin. Entwicklung hinsichtlich Wissenschaft, Technik und Weltkenntnis beginnt, hinter der europäischen zurückzubleiben. Viele Historiker sehen das als so einschneidend an, daß sie mit diesem Schnittpunkt der Entwicklungen das *Ende des chin. Mittelalters* ansetzen.

Die Hauptkaiser
1368–1398
Der Bauernsohn und buddhistische Mönch **Chu Yüan-chang,** Kaisername **T'ai-tsu,** bekannt auch nach seiner Regierungsdevise **Hung-wu** = »umfassendes« Kriegertum, Gründer der Dynastie, übernimmt zur Festigung seiner Macht die Regierungsweise der Mongolenkaiser:

1. Einrichtung eines den Kaiser vom Volk und von der Öffentlichkeit abschließenden Hofrituals zur Hervorhebung seiner herrscherlichen Erhabenheit.

2. Abschaffung des »Ministerpräsidentenamtes« zur Verhinderung von Machtzusammenballung in einer Person neben dem Kaiser; Bildung von sechs dem Kaiser unmittelbar unterstellten Ministerien (Allge-

meine Verwaltung, Justiz, Öffentliche Arbeiten, Finanzen, Krieg, Riten); zur Koordinierung von deren Aufgaben und als Kontrollorgan wird der »Innere Rat« unter dem Vorsitz des Kaisers gebildet.

3. Neugliederung des Reichsgebietes in sechzehn Provinzen, die – mit geringen Änderungen – noch heute als Kernprovinzen Chinas bestehen. Die strenge Unterstellung der Provinzialverwaltungen unter die Zentrale in *Nanking,* wohin der Regierungssitz verlegt wird, bleibt bestehen.

4. Entfernung aller Nicht-Chinesen aus den Staatsämtern.

5. Fortsetzung der von Kublai abgeschafften kaiserlichen Prüfungen nach dem Muster der Sung-Zeit. Schwerpunkt der Beamtenausbildung ist die Heranzüchtung eines dem Hof unbedingt gehorsamen Staatsdieners, wobei jede Selbständigkeit des Denkens und Bereitschaft zur Initiative unterdrückt wird. Trotz vieler finanzieller Erleichterungen für Bauernsöhne und trotz der offiziellen Öffnung der Beamtenlaufbahnen für alle Volksgruppen stellt auch weiterhin die Großgrundbesitzerklasse die weitaus größte Zahl der Kandidaten für die höchsten Staatsämter.

6. Neuverteilung des Bodens mit Beschränkung des Großgrundbesitzes und des Landbesitzes der buddhistischen Klöster; systematische Besiedlung brachliegenden Landes.

7. Erneuerung der alten »Nachbarschaften« mit der Auflage zu wirtschaftlichen und sozialen Kollektivleistungen, wie Steuereinziehung, Soldatengestellung, regionale öffentliche Arbeiten, soziale Betreuungsmaßnahmen.

8. Errichtung eines »Obersten Gerichtshofes«.

9. Verbot aller fremden Religionsgemeinschaften.

Ch'eng-tsu, Kaisername **Yung-lo** = »ewige Freude«, Höhepunkt der   1403–1424
Ming-Dynastie.
Zur besseren Abwehr erneuter mongolischer Bedrohung wird die Hauptstadt von Nanking wieder nach *Peking* verlegt; großartiger Ausbau der Stadt mit 786 Palästen, Tempeln, Brücken und Wachtürmen; die Enklave der eigentlichen Kaiserstadt wird mit Wällen und Mauern von der übrigen Stadt abgeschirmt. *Nanking* gilt als zweite Hauptstadt des Reiches.
Zur Verhinderung neuer mongolischer Machtbildung nicht nur wiederholte militärische Expeditionen in das Gebiet der Mongolen, sondern auch Ausbau der *»Großen Mauer«* zu der heute noch sichtbaren Anlage als Schutzwall und Stützpunkt für vorgeschobene chin. Stellungen.
Im Süden vorübergehende Eingliederung *Annams;* in den südlichen Hafenstädten erstmaliger *Aufbau einer Überseeflotte* von größerem Ausmaß in Anknüpfung an die Handelspolitik des Sung-Reiches.

Der Gründer der Dynastie hatte das Verbot erlassen, Eunuchen in höheren Staatsämtern zu beschäftigen. Aufhebung dieses Verbotes durch Yung-lo, was sich unter seinen Nachfolgern sehr bald verhängnisvoll auswirkt: Rivalitätskämpfe zwischen den Eunuchen, die zumeist aus Familien ohne Tradition und ohne Bindung an den Staat stammen, und den auf der kaiserlichen Akademie gebildeten Beamten werden als eine der wesentlichen Ursachen für den Untergang der Ming-Dynastie angesehen.

1436–1464 **Ying-tsung,** auch **Ch'eng-t'ung** genannt, gerät auf einem Feldzug gegen die Mongolen für acht Jahre in Gefangenschaft. Seit dieser Zeit Ausbreitung der Eunuchenherrschaft; ihr Hang zu bedenkenloser Bereicherung führt zur Unterschlagung von Steuergeldern und zum Verkauf von Staatsämtern. Es gelingt ihnen, ihre Stellung so zu festigen, daß die nachfolgenden zehn Kaiser mehr oder weniger unter ihrem Einfluß stehen.

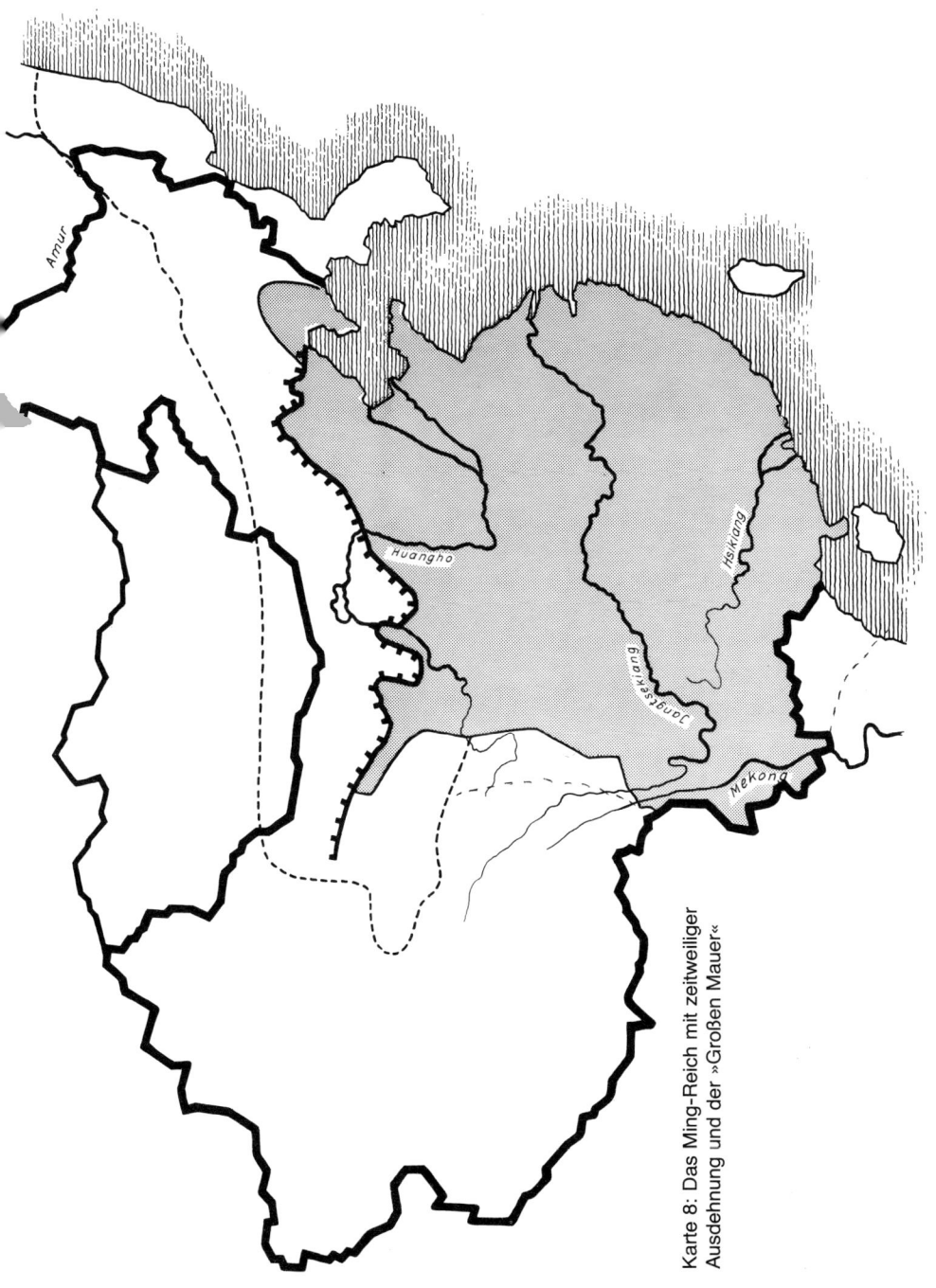

Karte 8: Das Ming-Reich mit zeitweiliger
Ausdehnung und der »Großen Mauer«

1573–1620	Die größte Mißwirtschaft zur Zeit des Kaisers **Shen-tsung,** bekannter unter dem Namen **Wan-li** zum Unterschied zu dem Sung-Kaiser *Shen-tsung:* Eunuchendiktatur. Das Reich ist nicht in der Lage, wirksam den Japanern entgegenzutreten, die durch Eroberung des unter chin. Schutz stehenden Koreareichs auf dem asiatischen Kontinent Fuß fassen wollen. Die Japaner geben ihren Plan erst auf, nachdem ihnen der koreanische Flottenführer **Ysun** zweimal eine Niederlage zur See – ohne chin. Hilfe – hat beibringen können.
1628–1644	Vergebliche Versuche des Kaisers **Ch'ung-chen,** wieder geordnete Verhältnisse herzustellen. Die Schwäche Chinas wird diesmal von den *Mandschu* ausgenutzt, einem im südlichen Teil der Mandschurei lebenden Volk, das sich aus den Resten der einst aus China vertriebenen *Ju-chen* gebildet hat und zu einem machtvollen Militärstaat herangewachsen ist. Ihre immer tiefer gehenden Einfälle in China, Cliquenkämpfe am Hof, Mißwirtschaft im ganzen Land haben solche chaotischen Verhältnisse zur Folge, daß das Volk bereit ist, jede neue Dynastie zu akzeptieren, die Ordnung und Sicherheit verspricht.
1644	Einzug der Ju-chen/Mandschu in *Peking,* Selbstmord des Kaisers Ch'ung-chen. Ausrufung eines Mandschuprinzen zum Kaiser von China, wobei die Geheimgesellschaften, in denen sich die Unzufriedenheit zahlreicher Chinesen gesammelt hat, eine propagandistische Rolle spielen: »Der Himmel hat den Ming das Mandat entzogen«.
Flottenpolitik und Seehandel	Während der Regierungszeit des Kaisers Yung-lo wird neben der Küstenflotte erstmals eine Hochseeflotte für Entdeckungsfahrten und zur Förderung des Überseehandels im großen Stil gebaut. Der Admiral **Cheng Ho** unternimmt außer Fahrten in die indonesische Inselwelt sieben größere an die Küsten Indiens und Ostafrikas, nach Hormuz am Persischen Golf und nach Dschidda am Roten Meer. Es wird von zeitweilig 62 Schiffen auf einer Fahrt berichtet. Die Ziele sind nicht koloniale Eroberungen oder Ausübung der Seeherrschaft im Indischen Ozean und in der Südsee, sondern neben der *Anknüpfung von Handelsbeziehungen* vor allem die *Wiederherstellung von Chinas Ansehen* als Großmacht nach der Befreiung von der Mongolenherrschaft.
Philosophie	Nach dem Tode Cheng Hos, der die treibende Kraft für die maritimen Unternehmungen gewesen war, rapider Verfall der Flotte und Ende der auf das Meer gerichteten Politik Chinas. Gründe dafür sind vermutlich der Glaube der Chinesen an die Überlegenheit ihrer Kultur, die eine Verbindung mit der überseeischen Außenwelt als nicht erforderlich erscheinen läßt, und die alles überdeckende Sorge um die Nordgrenze, die alle Kräfte des Reichs beansprucht.
1472–1529	Der General und Staatsmann **Wang Yang-ming** stellt angeborenes Wissen und Intuition mit dem Sitz der am Universum teilhabenden Seele in den

Mittelpunkt seines Denkens, d.h. Erweiterung des Verstandeswissens durch intuitives Wissen und durch Erkenntnisfähigkeit der Seele für rechtes Verhalten.
Der in dieser Lehre begründete Individualismus und die Skepsis gegenüber staatlichen Institutionen führt zur Ablehnung Wang Yang-mings durch den Konfuzianismus. Seine Lehre ist wahrscheinlich als kritische Reaktion auf den Ming-Absolutismus im Interesse der Würde der selbständigen Persönlichkeit zu werten.
Auch andere Denker kritisieren überkommene Anschauungen mit der Begründung, diese müßten in gleicher Weise dem Wandel unterworfen sein wie die Gesellschaft. Wortführer dieser Gruppe ist **Li Chih**, genannt auch **Li Cho-wu.**

1527–1602

Literarischer Höhepunkt wird in der Ming-Zeit der Roman, geschrieben in der Umgangssprache. Die bekanntesten Romane sind: »Die Reise in den Westen« von **Wu Ch'eng-en**, »Die Geschichte vom Flußufer«, vermutlich von **Wang Tao-k'un**, »Das Wunder der zweiten Pflaumenblüte« und »Weißdornzweig in goldner Vase« von unbekannten Verfassern.
Im Gefolge der während der Yüan-Zeit schon entstandenen »Geschichte von den Drei Reichen« erscheinen viele historische Romane als Ausdruck des nach der Vertreibung der Mongolen neu erwachten Nationalgefühls.

Dichtung
1500–1580?

um 1550

Gegen Ende der Ming-Zeit Entwicklung der Novellenform; die von **Feng Meng-lung** zusammengestellte Sammlung »Bemerkenswerte Geschichten aus alter und neuer Zeit« ist in viele Sprachen übersetzt worden.
Essay und Lyrik bleiben die Literaturform der literarisch gebildeten Kreise, aber in bloßer leicht variierender Nachahmung überlieferter Muster.

1574–1645

Die Vorliebe für das Drama bzw. Musiktheater, das in der Yüan-Zeit besonders gepflegt wurde, besteht weiter. Als berühmtester Bühnenautor gilt **T'ang·Hsien-tsu**, der Verfasser des »Päonien-Pavillons«.
Neben dem großen Theater in den Städten zahlreiche Kleinbühnen für Schattenspiele und Puppentheater.

Theater

1556–1617

Die Bedeutung des musikalischen Lebens spiegelt sich wider in den elf Büchern über Theorie und Geschichte der chin. Musik des Prinzen **Chu Tsai-yü.**

Musik

um 1580

Die Maler arbeiten nach Vorbildern aus der Vergangenheit. Als die »Vier Großen Meister der Ming« werden angesehen: **Shen Chou, T'ang Yin, Wen Cheng-ming** und **Ch'iu Ying.** Anregungen zur Weiterentwicklung gehen am Ende der Ming-Zeit von dem Minister, Sammler und Theoretiker der Malkunst **Tung Ch'i-ch'ang** aus mit seiner Forderung, die alten Meister zwar zu studieren, sich aber, da bloße Nachahmung bei veränderten Zeitumständen nicht genüge, von ihnen zu lösen.

Malerei

um 1500

1555–1636

Die Hochschätzung und Verbreitung der Malerei während dieser Dynastie zeigt ein »Malerlexikon« mit mehr als 30 000 Namen.

Als Ersatz für Originalgemälde wird der Vielfarbendruck entwickelt, der von Japan übernommen und dort technisch vollendet wird.

Architektur Die Baudenkmäler dieser Dynastie gelten als typisch für die chin. Architektur, sie sind die ältesten, die erhalten geblieben sind.

Hauptdenkmäler sind die Pekinger Stadtmauer, die kaiserlichen Paläste, Zeremonienhallen, die Kolossalgräber bei Nanking und Peking mit den flankierenden Tierplastiken, Statuen und Säulen und als gewaltigstes Bauwerk die *Große Mauer* mit einer Länge von 2450 km, einer Höhe von 16 m und einer Breite von 8 m im Sockel, 5 m an der Oberkante.

Porzellan Die alte Töpferstadt *Ching-te-chen* in der Provinz Kiangsi wird mit Hunderten von Brennöfen Herstellungszentrum von Porzellan. Am beliebtesten sind das grüne *Seladon* und das in der Yüan-Zeit schon aufgetretene *Blau-Weiß-Porzellan,* anfangs mit tiefem Indigoblau aus persischem Kobalt, später mit stumpfem Blau aus Sumatra-Kobalt. Neu sind Versuche zu weiterer Farbigkeit, die durch mineralische Oxyde gewonnen wird.

Häufigstes dekoratives Motiv ist der Drache als Symbol für das männliche Yang, dem Kaiser zugeordnet, und der Phönix für das weibliche Yin, der Kaiserin zugeordnet.

Ab 1600 erscheint das Porzellan in größeren Mengen in Europa.

Kunsthandwerk Durch die Freilegung von Gräbern seit 1958 genauere Einblicke in die zarte Verfeinerung und technische Perfektion der Goldschmiede-, Juwelier-, Bronze- und Jadearbeiten und der Seidenstickereien. Offenbar wird eigene Formentwicklung geringer gewertet als Nachahmung von traditionellen Mustern.

Wissenschaften Die Universalenzyklopädie **Yung-lo ta tien** entsteht mit über 1100 Bänden, von denen noch 400 erhalten sind, während der Regierungszeit Yunglos.

um 1596 Ein medizinisches Kompendium mit dem gesamten Wissen der chin. Heilkunde von **Li Shih-chen** und ein technologisches von **Sung Ying-hsing**

um 1650 vermitteln ein Bild von dem reichen Wissensstand der Zeit.

Wirtschaftliche Verhältnisse Bedeutende Fortschritte in der Landwirtschaft durch *Züchtung neuer Reissorten,* durch Reisanbau in Terrassenkulturen, durch Gewinnung von *Zucker aus Zuckerrohr,* durch *Anbau* von Baumwolle, Mais, Erdnüssen und

Landwirtschaft Süßkartoffeln und vor allem durch geregelten *Fruchtwechsel.* Der Anstieg der Ernteerträge erlaubt einen *Bevölkerungszuwachs* vom Beginn der Dynastie bis zu ihrem Untergang von etwa 65 Millionen auf 120–140 Millionen Reichsbewohner.

Der durch die Entbehrungen der Mongolenzeit bedingte Nachholbedarf führt zu starker Nachfrage von *Konsumgütern.* Nach Vertreibung der fremden Kaufleute kommt der Handel wieder in die Hand von Chinesen, abgesehen von wenigen Ausnahmen in den Handelsstädten. Mit dem Erwerb größerer Reichtümer hebt sich das Ansehen des Kaufmannsstandes zusammen mit dem Handwerkerstand.

Handel

Außenhandelsgüter sind Seide, Tee, Jade, Porzellan im Austausch gegen Metalle, Tabak, Elfenbein und Gewürze aus den Kolonien europäischer Staaten. Nach europäischen Waren selbst besteht in China keine Nachfrage; sie werden als zu »roh« und für chin. Verhältnisse »wenig brauchbar« abgelehnt.

Zur Deckung des Bedarfs der wachsenden Bevölkerung entstehen Großbetriebe mit *weitgefächerter Spezialisierung* und einer handwerklich hochgeschulten Belegschaft. Neben die Seiden-, Eisen-, Papier- und Porzellanherstellung tritt in Shanghai und Nanking die Baumwollverarbeitung.

Gewerbe

Die von T'ai-tsu festgelegten Dienstleistungen für den Staat (alle drei Jahre drei Monate oder alle zehn Jahre ein ganzes Jahr) bleiben in den Grundzügen während der Ming-Zeit erhalten. In Betracht kommen Eindeichungen, Kanalbau, Kohlegewinnung, Hilfsdienste bei den örtlichen Verwaltungen, wie Fürsorgeaufgaben, Postzustellung, Polizei; die Verpflichtungen gelten für alle arbeitsfähigen Männer, außer den leitenden Beamten und Studenten mit Vorexamen während des Studiums. Ablösung durch Geldzahlung möglich.

Staatliche Dienstleistungen

Portugiesische Schiffe erscheinen an der Südküste als erste Vertreter eines europäischen Staates; Gründung einer Handelsniederlassung in Kanton und Ausweitung des Handels bis zur Yangtse-Mündung. Räuberische Übergriffe, arrogantes und intolerantes Auftreten der Portugiesen bewegen Peking, sie des Landes zu verweisen bzw. sie gegen jährliche Tribut-Zahlung auf *Macao* zu beschränken.

Die ersten nachhaltigen Begegnungen mit Europäern 1517

Aus dieser Zeit stammt die Neigung vieler Chinesen, nicht nur die Portugiesen, sondern bald auch nach weiteren Begegnungen alle Abendländer als »fremde Teufel«, »Seeräuber«, »Banditen« zu benennen.
Holländische und *englische* Kaufleute erreichen schließlich durch klügeres Auftreten die erneute Öffnung Kantons für den Handel.

1557

Die Portugiesen setzen sich auf *Formosa* = »schöne Insel« fest, das von einer ursprünglich malaiisch-polynesischen Bevölkerung bewohnt ist und chinesischen Fischern als Stützpunkt lange Zeit schon gedient hat.

1624

Engere Kontakte der Chinesen zeitweilig nur mit den Jesuiten, deren umfassende Gelehrsamkeit und technische Fähigkeiten ihre Bewunderung erregt. Tätigkeit der Jesuiten am kaiserlichen Hof, als Architekten und Ge-

Jesuitenmission

schützgießer, als Dolmetscher bei Verhandlungen mit europäischen Gesandten, als genauer arbeitende Kartographen und besonders als Astronomen für die Kalenderberechnungen, deren Genauigkeit notwendig ist, um die Harmonie zwischen himmlischem und irdischem Geschehen sicherzustellen.

Die bedeutendsten Jesuiten sind:

gest. 1610   der Italiener **Matteo Ricci**, Gründer der China-Mission, Mathematiker und Astronom, der als erster Jesuit bei Hofe empfangen wird;

1591–1666   der Deutsche **Joh. Adam Schall von Bell**, Astronom und Mathematiker;

1623–1688   der Flame **Ferdinand Verbiest**, Kartograph des gesamten Reichsgebietes, Fachmann für Hydraulik und Geschützgießerei.

Durch die Berichterstattung der Jesuiten rückt China in das Blickfeld der europäischen Staaten, während China so gut wie nichts von Europa weiß und auch jede Kenntnisnahme ablehnt.

Die chinesische Neuzeit

Der Beginn der chin. Neuzeit fällt mit dem Auftreten der Mandschus zusammen. Sie steht im Zeichen der ständig heftiger werdenden Konfrontation des Reiches mit Europa und Japan. Bald zeigt sich, daß China trotz einiger hervorragender Herrschergestalten der Mandschu-Dynastie der Herausforderung durch die fremden Mächte, ihren Machtansprüchen und Ideologien nicht gewachsen ist. War es bisher Europa in fast allen Lebensbereichen überlegen gewesen, so fällt es im 18. Jahrhundert sichtbar zurück. Europäische Wissenschaft und Technik erweisen sich als stärker als die von der konfuzianischen Weltanschauung geprägte chin. Tradition. Europäisches Gedankengut faßt in China Fuß und beeinflußt stark das Denken der Chinesen. Als seit der Mitte des 19. Jahrhunderts europäische Mächte selbst in China eindringen, gerät das Reich in hoffnungslose Unterlegenheit, wobei es, in einen halbkolonialen Status hinabsinkend, zu einem Ausbeutungsfeld für fast alle europäischen Staaten und für das aufstrebende Japan wird.

Zugleich aber auch zeigt sich in vielen Reformbewegungen und häufigen revolutionären Ausbrüchen, daß die Lebenskraft des chin. Volkes ungebrochen ist. Sie führen seit Beginn des 20. Jahrhunderts zur Revolution **Sun Yat-sens,** die das Ende der Monarchie bedeutet; sie münden nach zahlreichen inneren Reinigungsprozessen der Bürgerkriege in die Befreiung Chinas von der Fremdherrschaft und in die Wiedervereinigung des Reiches durch **Mao Tse-tung.**

Zwei Zeitabschnitte werden unterschieden:

die Zeit der Mandschu-Dynastie,	1644–1911
die Zeit von der Revolution Sun Yat-sens bis zum Siege MaoTse-tungs.	
Mit der Gründung der »Volksrepublik China« beginnt die Neueste Geschichte des Reiches.	1911–1949
	1. Oktober 1949

Die Mandschu- oder Ch'ing-Dynastie   1644–1911

Die Mandschu- oder Ch'ing-Dynastie ist nach der Mongolenherrschaft in China die zweite Fremddynastie. Während die Mandschus den Chinesen als Zeichen der Unterwerfung mandschurische Tracht und den mandschurischen Zopf aufzwingen, übernehmen sie anderseits doch bald die Regierungs- und Verwaltungsmethoden der Chinesen wie auch weitgehend deren Sitten, Namen, Sprache und den Konfuzianismus.
Die Hälfte der Mandschu-Zeit ist dank drei aufeinander folgender Kaiser,

die zu den größten der fernöstlichen Welt gezählt werden *(K'ang-hsi, Yung-cheng, Ch'ien-lung),* für China eine Periode der Stabilität, des inneren Friedens, des größtmöglichen Wohlstandes und der weitesten territorialen Ausdehnung. In dieser ersten Hälfte der Mandschu-Dynastie wird China in ganz Asien das Vorbild eines geordneten und kulturell blühenden Staatswesens.

Um die Wende zum 19. Jahrhundert wird der Zenit überschritten. Während in Europa ein sprunghafter Aufschwung von Wissenschaft und Technik zu verzeichnen ist, fällt China als Folge der von den Mandschu-Kaisern geforderten und von der chin. Oberschicht gutgeheißenen ausschließlichen Hinwendung zur Tradition in eine Periode der Lähmung und Erstarrung. Geistiges und technisches Angebot aus Europa wird abgelehnt und verachtet, da es nicht »konfuzianisch« ist. Der Verfall der Dynastie und der Abstieg Chinas bis zur völligen Macht- und Hilflosigkeit setzen ein, so daß es sich den erpresserischen Forderungen der Großmächte bald nicht mehr erwehren kann. Erste sichtbare Signale dieses Niederganges sind im 19. Jahrhundert die *Opium-Kriege* und – unter den häufigen Aufständen – der dreizehn Jahre dauernde *T'ai-P'ing-Aufstand,* Ereignisse, die das Land bis zu den Fundamenten erschüttern. Nach mehreren Versuchen zur Reform des Staates und der Gesellschaft, die an der Uneinsichtigkeit und Unbeweglichkeit der herrschenden Schicht scheitern, endet die Mandschu-Zeit in der von **Sun Yat-sen** geführten Revolution der Jungchinesen mit der Errichtung einer Republik auf demokratischer Grundlage.

Die Kaiser	Die effektive Ausübung der Mandschu-Herrschaft über ganz China erst nach Niederwerfung starker ming-treuer Widerstandsgruppen, besonders im Südteil des Reiches, in fast vierzigjährigen zähen Kämpfen. Mit der Eroberung *Formosas,* wo der Seeräuber **Cheng Ch'eng-kung** – in Europa als **Koxinga** bekannt – ein Reich gegründet hatte, wo die letzten Anhänger der Ming-Dynastie Zuflucht gefunden hatten, auch deren Entmachtung. Formosa seitdem unter chin. Verwaltung.
1662–1722	**K'ang-hsi,** Kaisername **Sheng-tsu,** der erste der »Drei Großen Kaiser«. Durch ihn bewußte Fortsetzung der von den Ming praktizierten Verwaltungsmethoden im Sinne eines zentralistischen Absolutismus mit Gewinnung der alten Beamten-Gelehrten-Schicht durch Aufwertung der kaiserlichen Prüfungen, durch Bestätigung des Konfuzianismus als offizielle Staatslehre und durch paritätische Besetzung auch der höchsten Regierungsstellen je durch einen Mandschu und durch einen Chinesen.
1671	Verkündigung der *»Heiligen Eide«* oder des *»Heiligen Edikts«,* einer Sammlung von 16 kurzen Merksprüchen über das Verhalten des einzelnen zum Staat, zur Familie, zu den Ahnen und zu den Mitmenschen auf der

Grundlage des Konfuzianismus zur Festigung der Staatsmoral; ihre Verlesung und Einübung durch kaiserliche Beauftragte zweimal in jedem Monat in Städten, Dörfern und Gemeinden auch in den entferntesten Provinzen des Reichsgebietes. Durch strenge Anwendung dieser Regeln auf sich selbst gewinnt der Kaiser höchste Achtung im Volk.

Zur Sicherung gegen außenpolitische Gefahren Zerschlagung des sich neu bildenden Mongolenreiches mit anschließender Besetzung der gesamten *Mongolei*. Um ein eventuelles Bündnis der Mongolen mit *Tibet* unmöglich zu machen, Besetzung auch dieses Landes; *Lhasa* wird Sitz eines die tibetanische Politik kontrollierenden mandschurisch-chinesischen Statthalters.

Erste Differenzen mit dem durch Sibirien an den Pazifik vorgestoßenen Rußland um Gebiete im *Amur-Tal*, hervorgerufen durch Reibereien zwischen chin. Siedlern und streifenden Kosakentrupps. Beilegung der Differenzen im **Vertrag von Nertschinsk**, dem ersten von China mit einer europäischen Macht geschlossenen Vertrag; in ihm verpflichtet sich Rußland, auch das linke Amurgebiet als chinesisch zu respektieren. Ausfertigung des Vertrags in Chinesisch, Mandschurisch, Russisch und Latein. **1689**

Unter **Yung-cheng**, Kaisername **Shih-tsung**, Fortsetzung der Politik der inneren Festigung des Staates: **1722–1735**
a) Bildung des »Großen Staatsrates« unter Vorsitz des Kaisers zur täglichen Beratung und zur Überwachung der schnellen Durchführung kaiserlicher Beschlüsse;
b) Kontrolle des Beamtenapparates durch anonyme Spitzel, was schließlich jegliche Initiative in Beamtenkreisen erstickt;
c) Verbot aller politischen Vereinigungen, was den Geheimgesellschaften einen ungeheuren Zulauf bringt, und
d) Verbot christlicher Mission und christlicher Gemeindezusammenschlüsse; ursprünglich aus Furcht, die christl. Kirche könne ein Staat im Staate werden, aber auch aus Zweifel an der Glaubwürdigkeit des Christentums wegen des schon ein Jahrhundert währenden Streites zwischen Dominikanern und Jesuiten am chin. Hof, in welchem letztere den Ahnenkult akzeptierten, während die Dominikaner ihn als Götzendienst ablehnten.
Durch außerordentliche Sparsamkeit, durch Förderung der Wirtschaft und durch Aufstellung eines geordneten Staatshaushaltes mit einem Rechnungswesen moderner Art legt der Kaiser die Grundlage für die Blütezeit Chinas unter seinem vierten Sohn Hung-li mit dem Herrschernamen Ch'ien-lung, auch Kao-tsung.

Ch'ien-lungs Regierungszeit gehört zu den glanzvollsten der chin. Geschichte sowohl in kultureller als auch in politischer Hinsicht. Wie die seines Großvaters war sie von ungewöhnlich langer Dauer. **1736–1795**
Tibet wird endgültig chin. Protektorat bis zum Zusammenbruch des Kai- **1751**

serreiches mit Belassung der inneren Selbstverwaltung unter dem Dalai Lama. Durch diese Maßnahme erste unmittelbare Berührung mit englischen Interessen, die von Indien ausstrahlen, besonders in die Gebirgsländer des Himalayas.

1758–1759 Rückgewinnung des *Tarimbeckens* mit Vorstoß bis zum Pamir.

1765–1769 Feldzüge gegen *Burma*, das die Oberhoheit Chinas anerkennen muß; ein Schritt, von dem sich bis zur Gegenwart der Anspruch Chinas auf dieses Gebiet herleitet, und

1790–1791 Vorstoß gegen *Nepal*, um Angriffe der Nepalesen auf Tibet zu unterbinden; auch Nepal muß die chin. Oberhoheit anerkennen.

Am Ende von Ch'ien-lungs Regierung die *größte territoriale Ausdehnung* Chinas mit einem Bevölkerungsanstieg von rund 150 Millionen bei seinem Regierungsantritt auf 275 Millionen. China ist der volkreichste Staat der damaligen Zeit und die stärkste Macht in Asien. Zum ersten Mal wandern Chinesen aus, um dem Druck der Überbevölkerung zu entgehen; zunächst in benachbarte Länder.

Ch'ien-lung auch einer der *größten Förderer* aller Künste, selbst Autor von zahlreichen Gedichten, Sammler und Initiator vieler wissenschaftlicher Arbeiten. Als getreuer Anhänger des Konfuzianismus auch bei ihm, wie schon in der Vergangenheit, nur wenig oder kaum Interesse für technische Wissenschaften und für neue industrielle und wirtschaftliche Entwicklungen wie in Europa. China bleibt Agrarland.

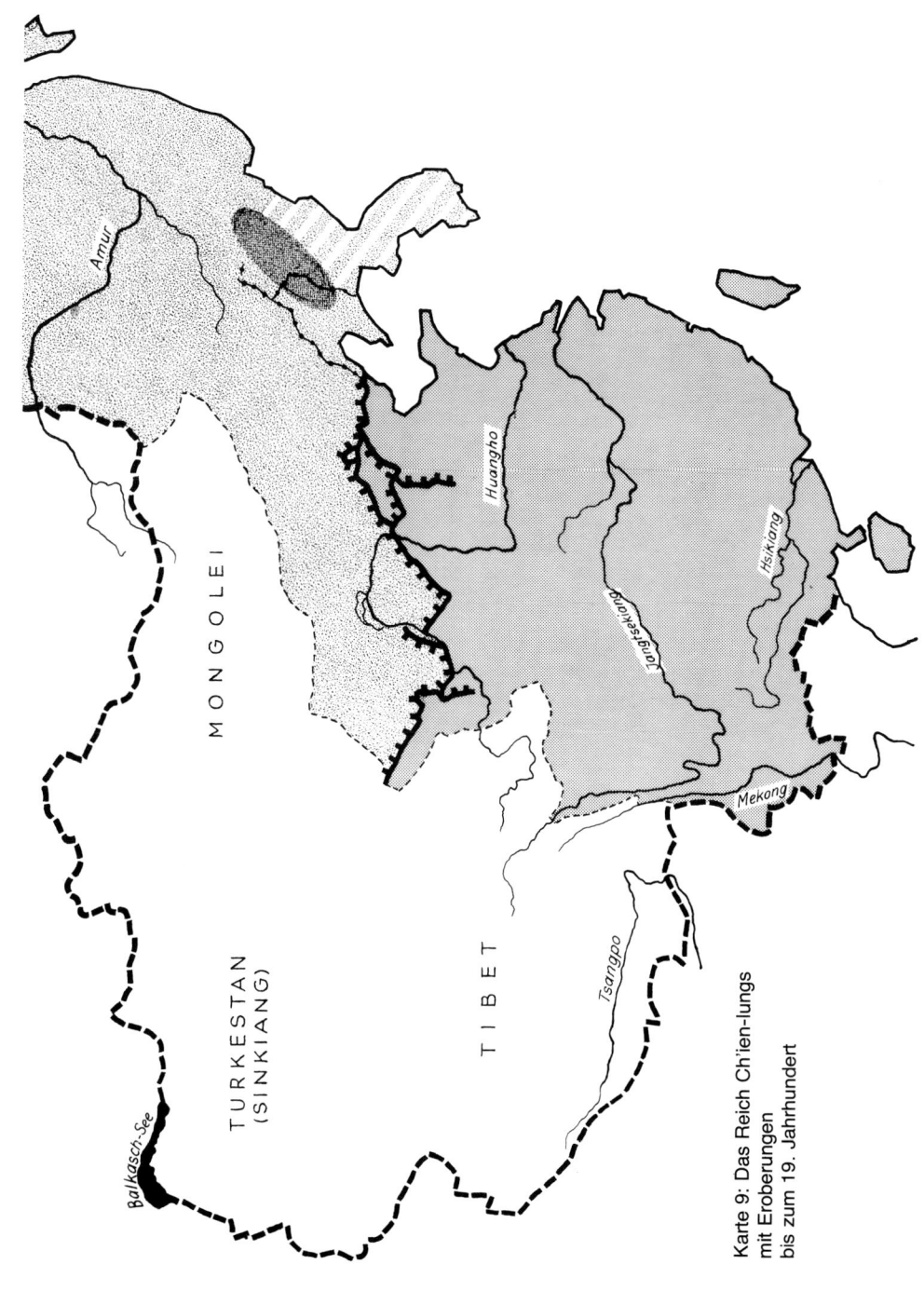

Karte 9: Das Reich Ch'ien-lungs
mit Eroberungen
bis zum 19. Jahrhundert

87

Die *starke Bevölkerungszunahme* ohne wesentliche Änderung der Wirtschaftsstruktur und die finanziellen Belastungen, hervorgerufen durch die vielen Eroberungsfeldzüge, führen noch vor dem Tod des Kaisers zu wirtschaftlichen und politischen Schwierigkeiten, die der im Alter vorwiegend nur noch musisch interessierte Kaiser zu beheben nicht mehr imstande ist. Die konservative und initiativlose Beamtenschaft, einstmals wegen ihrer Zuverlässigkeit Stütze der Dynastie, erweist sich nun als das größte Hindernis zur Erneuerung.

1793   Scheitern der von England unter Earl **Macartney** ausgehenden Kontaktaufnahme; dabei zeigt sich, daß in Peking weder die allmählich von England gewonnene maritime Herrschaft im Indischen Ozean bekannt ist noch die geographische Lage Englands. (Bei dieser Gelegenheit das nach außen hin erste deutlich sichtbare Versagen der chin. Führung, das zu den Demütigungen des Reiches im 19. und 20. Jahrhundert führt.)

Sichtbar wird der kommende Verfall auch in den schon zu Ch'ien-lungs Lebzeiten einsetzenden mandschu-feindlichen Aufständen. Sie setzen sich

1795–1820   unter seinem Nachfolger **Yung-yen** oder **Chia-ch'ing** wie unter den späteren Kaisern fast ohne Unterbrechung fort; tragende Rolle spielt dabei häufig der Geheimbund *»Weißer Lotos«*.

1821–1850   Zur Zeit des Kaisers **Hsüan-tsung** oder **Tao-kuang** der erste stärkere Druck westlicher Mächte auf China mit dem Ziel, das Reich in den Kreis der Absatzmärkte für die europäischen Industrien einzubeziehen. Mit dem

1840–1842   *»Opium-Krieg«* erzwingt England die Genehmigung zum Import von
1842   Opium nach China und im **Vertrag von Nanking** die Abtretung Hongkongs an England, die Öffnung von fünf Chinahäfen für den Handel, das Meistbegünstigungsrecht und die Anerkennung der Gleichstellung engl. und chin. Diplomaten gleichen Ranges, die der Pekinger Hof bisher stets verweigert hatte.

Zum ersten Mal erkennt China die technische und militärische Überlegenheit des Westens mit dem Ergebnis, daß das Weltbild vom »Reich der Mitte«, dem die »Barbaren« an seinen engeren und weiteren Grenzen tributpflichtig seien, zu wanken beginnt und noch am Ende des Jahrhunderts zusammenbricht.

In den folgenden Jahren Ausnutzung der zutage getretenen Schwäche Chinas durch Frankreich, Belgien, Norwegen, Schweden und die USA bei Verträgen mit fast analogen Bestimmungen.

Auf Druck der Westmächte auch Zulassung aller christlichen Bekenntnisse
1844   zur Missionierung und freien Religionsausübung.

1851–1861   Während der Regierung des Kaisers **I-chu** oder **Hsien-feng** die **T'ai-p'ing-Erhebung** mit weiteren Einbußen des chin. Ansehens (T'ai-p'ing tao = »Der Weg des großen Friedens«).

Der Unmut des Volkes über die seit dem Opium-Krieg sichtbar gewordene Schwäche der Mandschu-Regierung entlädt sich unter maßgeblicher Beteiligung von Geheimgesellschaften in mehreren Aufständen; sie werden durch den charismatischen Führer **Hung Hsiu-ch'üan,** einen Kantonesen, zu einem allgemeinen Aufstand zur Gründung eines »Reiches des großen Friedens« mit antimandschurischen, offenbarungschristlichen und sozialrevolutionären Tendenzen zusammengefaßt. Ziele im einzelnen sind: Kein Privateigentum, gemeinsame Landbestellung, Gleichberechtigung der Frau mit Zulassung zu allen Ämtern, Verbot des Einbindens der Füße, des Opium- und Alkoholgenusses, Ablehnung aller von den Mandschu-Kaisern unter ausländischem Druck geschlossenen Verträge.

Niederschlagung des Aufstandes nur mit Hilfe Englands und Frankreichs, denen an der Erhaltung der unfähigen Dynastie mehr gelegen ist als an der Erneuerung Chinas.

Schwerwiegende Folgen des Aufstandes sind:
Zerstörung der wirtschaftlichen Substanz des Reiches, 600 zerstörte Städte, über 20 Millionen Tote;
zur Sanierung der Staatsfinanzen Einrichtung einer »Seezollverwaltung« unter einem englischen Generalzollinspektor mit Hilfe ausländischer Zollexperten, was praktisch zur Kontrolle der Zolleinnahmen durch das Ausland führt;
nicht wieder gut zu machender Vertrauensschwund innerhalb des Volkes gegenüber der Mandschu-Dynastie;
durch das Überleben der erstarrten Dynastie – wenn auch mit fremder Hilfe – wird die Modernisierung Chinas auf längere Zeit verhindert;
größere Auswanderungsbewegungen in die USA zum Eisenbahnbau und in die Südsee als Arbeiter in tropischen Plantagen.

Eine Verletzung der britischen Flagge durch chin. Behörden gibt England den erwünschten Anlaß zum »*Lorcha-Krieg*« oder *Zweiten Opium-Krieg* (Lorcha = Segler mit europäischem Rumpf, aber chin. Takelung). Frankreich schließt sich an, um an der Siegesbeute teilzuhaben; Eroberung Pekings, Zerstörung des Sommerpalastes, Flucht des Kaisers in die Mandschurei. In den Verträgen von **Tientsin** und **Peking** weitere Souveränitätsverluste. 1856–1860

1858/1860

Ausnutzung der Schwäche Chinas auch durch Rußland in den **Verträgen von Aigun und Peking** über die Amur- und Ussuri-Gebiete. 1858/1860

In Peking Errichtung des »Amtes für Beziehungen in auswärtigen Angelegenheiten« auf Druck der europäischen Mächte, Vorläufer des chin. Auswärtigen Amtes. 1861

Aus der Erkenntnis der Hilflosigkeit Chinas die ersten Ansätze zu Reformen unter dem Kaiser **Mu-tsung** oder **T'ung-chih,** um den sich aufge- 1862–1874 schlossene und verantwortungsbewußte mandschurische und chinesische Persönlichkeiten gleicherweise gesammelt haben. Errichtung eines Dolmetscherinstitutes zur Förderung des Erwerbs westlicher Sprachkenntnisse und Techniken, Aussendung von Chinesen zum Studium ausländischer Verhältnisse. Grundlegende wirtschaftliche und politische Reformen scheitern nach den ersten Ansätzen sehr bald an dem Widerstand traditioneller Kreise und an Eingriffen der Fremdmächte in die chin. Finanzpolitik.

1875–1908 Zur Zeit des Kaisers **Tsai-t'ien** oder **Kuang-hsü** ständiges Abbröckeln bisheriger chin. Einflußgebiete und weiteres Absinken des Reiches in einen halbkolonialen Status. Trotz seiner Aufgeschlossenheit für notwendige Reformen kann sich der Kaiser gegen seine Tante, die Kaiserinwitwe **Tz'u-hsi**, und deren Anhänger, die jede Modernisierung ablehnen, nicht durchsetzen.

1876 England erzwingt aus Anlaß der Ermordung eines engl. Dometschers Zollvergünstigungen und die Überlassung weiterer Vertragshäfen.

1885 Verzicht auf das Protektoratsrecht über *Annam* zugunsten Frankreichs.

1885 *Korea* – bisher ausschließliches chin. Protektorat – wird zum gemeinsamen Interessengebiet von China und Japan erklärt.

1886 Abtretung *Burmas* an England.

1894–1895
1895
Weiterer Verlust des Ansehens Chinas in Asien und in der Welt durch die Niederlage im *Chinesisch-Japanischen Krieg*, der im Frieden von *Shimonoseki* mit der Aufgabe Formosas, der Pescadores und des letzten Einflusses in Korea endet.

In den darauffolgenden Jahren weitere Gebietsabtretungen bzw. Gebietsverpachtungen an England, Frankreich, Deutschland, Rußland. (Von den damaligen Großmächten stellen nur die USA und die Donaumonarchie Österreich-Ungarn keine territorialen Forderungen.) Zugleich mit den Gebietsräubereien verstärktes Wettrennen der Großmächte in China zur Erlangung von Wirtschaftskonzessionen, Stützpunkten mit Exterritorialrechten und sogenannten Interessen- und Einflußsphären (von 18 chin. Provinzen 10 unter fremdem Einfluß), so daß die Gefahr der Aufteilung ganz Chinas besteht. Verhindert wird sie nur durch die Eifersucht der Großmächte untereinander,
durch das Eingreifen der USA mit der Verkündigung des Grundsatzes der »Offenen Tür«, der sich ausdrücklich auf ein ungeteiltes China bezieht, und durch erneute chin. Anstrengungen zu Reformen, die aus der »Selbststärkungsbewegung« kommen.

1898 Folge dieser Kette von Niederlagen und Demütigungen ist die *»Hundert-Tage-Reform«* des Kaisers auf Betreiben einer Gruppe modern denkender Chinesen unter der Führung **K'ang Yu-weis**; sie scheitert am Widerstand

90

der Kaiserinwitwe Tz'u-hsi und der konservativen Kreise, die sowohl einen Verrat an der Tradition wie auch Verlust ihrer Privilegien fürchten. Nach einem Staatsstreich Internierung des Kaisers auf einer Insel in den Pekinger Palastanlagen und Verfolgung der Reformatoren. Trotz sofortiger Aufhebung der schon vom Kaiser erlassenen Reformverordnungen finden die dahinterstehenden Ideen im Volk und besonders in der jungen Intelligenzschicht weite Verbreitung und Anerkennung.

Der **Boxeraufstand** – in der Hauptsache getragen von den Geheimgesellschaften »Weißer Lotos«, »Die Gesellschaft vom großen Schwert«, »Die Pflaumenblütenfäuste«, »Die Faustkämpfer für Recht und Einigkeit« (letztere gibt nach englischer Anregung der Gesamtbewegung den Namen) – bricht aus als Reaktion des Volkes auf die Reformfeindlichkeit der Regierung. Hofkreisen gelingt es, den explosiven Unmut im Volk zur Fremdenfeindlichkeit umzufunktionieren. Nach Ermordung des deutschen Gesandten **v. Ketteler** und des Kanzlers der japanischen Gesandtschaft und nach der Belagerung des Diplomatenviertels in Peking durch die Aufständischen Einmarsch eines aus Soldaten der europäischen Großmächte und Japans zusammengesetzten Expeditionskorps in Peking. Plünderung der kaiserlichen Paläste, Flucht des Hofes nach Jehol. \[1900–1901]
Beilegung des Konfliktes durch die »*Boxerprotokolle*«. \[1901]

Ermordung des Kaisers am Vorabend des Todes der Kaiserinwitwe. Der von ihr noch als Nachfolger bestimmte zweijährige Prinz **P'u-i** mit dem Kaisernamen **Hsüan-t'ung** ist letzter Kaiser in China. (P'u-i wird nach Besetzung der Mandschurei durch die Japaner 1934 Kaiser von Mandschukuo bis 1945.) \[1908 / 1908–1912]

Trotz einiger Reformen, denen sich die Regierung nicht entziehen kann, wie Abschaffung der konfuzianischen Staatsprüfungen, Neuorganisierung des Heeres, Umbesetzung der Regierung, Ankündigung einer Verfassung mit Volksvertretung, nicht mehr aufzuhaltendes, rapides Anwachsen antimandschurischer, revolutionärer Stimmung; Aufstände im ganzen Land. Führer wird der von amerikanisch-demokratischen Ideen beeinflußte südchinesische Arzt **Sun Yat-sen,** genannt »Vater der Revolution«.

Die Erhebung der Garnison von **Wu-ch'ang** (heute in Wu-han eingemeindet) führt nach Einschwenken der meisten Militärgouverneure auf die Linie Sun Yat-sens zur Abdankung des jugendlichen Kaisers und zur *Ausrufung der Republik*. Zur Vermeidung eines Bürgerkrieges verzichtet Sun Yat-sen freiwillig auf das Präsidentenamt; erster Präsident der Republik wird der einflußreichste der Militärgouverneure **Yüan Shih-k'ai.** \[10. 10. 1911 / 12. 2. 1912 / 14. 2. 1912]

So genannt werden die Verträge, die das China der Mandschu-Dynastie auf Grund seiner Schwäche mit fremden Mächten zum Schaden des Reiches schließen mußte. Sie beinhalten Gebietsabtretungen, Beschränkungen \[Die »Ungleichen Verträge«]

91

chin. Souveränität und Duldung wirtschaftlicher Ausbeutung. (Die Verträge haben heute keine Gültigkeit mehr außer den mit Rußland in Aigun und Peking geschlossenen.)

1842   **Vertrag von Nanking** nach der Niederlage im Opium-Krieg: Verzicht auf Hongkong zugunsten Englands, Öffnung der Häfen Kanton, Amoy, Futchou, Shanghai, Ning-po und Niederlassungsfreiheit mit besonderen Vorrechten für Engländer.

1858   **Vertrag von Aigun,** in welchem China wegen seiner schwierigen Lage im »Lorcha-Krieg« und im T'ai-p'ing-Aufstand auf alle Gebiete links des Amurs zugunsten Rußlands verzichtet.

1860   Erweiterung dieser Abmachung durch den **Vertrag von Peking,** in welchem China unter dem Druck direkter russischer Kriegsdrohung auch den Küstenstreifen östlich des Ussuri von der koreanischen Grenze bis zur Mündung des Amur an Rußland abtreten muß.

1858, 1860   Weiter Verträge im Zusammenhang mit dem »Lorcha-Krieg« in **Tientsien** und **Peking:** Legalisierung der Opium-Einfuhr nach China; Schiffe fremder Mächte dürfen chin. Flüsse befahren; Zollfreiheit für ausländische Textilien; englische Konsularrechtsprechung für englische Untertanen in China; Abtretung Kowloons an England; Öffnung von zehn weiteren Häfen; außerdem muß Peking der Akkreditierung von Gesandten zustimmen.

1876   **Vertrag von Chih-fu:** Die Ermordung eines englischen Dolmetschers nimmt England zum Anlaß, um erweiterte Zollvergünstigungen zu erzwingen.

1885   **Vertrag von Tientsin:** China erkennt unter der Drohung französischer Flotteneinheiten und Landungskorps Frankreichs Protektoratsansprüche über Annam an.

1886   China muß wehrlos die Annexion Burmas durch England hinnehmen.

1895   Vertrag von **Shimonoseki** zur Beendigung des Japanisch-Chin. Krieges: Verlust von Formosa und den Pescadores an Japan; Anerkennung der Unabhängigkeit Koreas: Gewährung von Exterritorialrechten auch an Japaner.

1896   **Vertrag von Moskau:** China gibt die Genehmigung zum Bau einer russischen Eisenbahn quer durch die Mandschurei nach dem neuentstandenen russischen Hafen Wladiwostok.

ab 1897/98   Pacht-, Konzessions- und andere, Chinas Souveränität einschränkende Verträge mit dem *Deutschen Reich* über Kiautschau, mit *Rußland* über Talien und Port Arthur, mit *England* über Wei-hai-wei, mit *Frankreich* über Kuang-chou-wan.

Die »Boxerprotokolle«, auch **Protokolle von Peking** genannt: die Groß-   1901
mächte erhalten das Recht, Truppen in Peking und in einigen strategisch
wichtigen Punkten zwischen Peking und Shanghai zu stationieren und das
Gesandtschaftsviertel in Peking zu befestigen; fremdenfeindliche Gesellschaften sind zu verbieten; China muß »Sühnegelder« in einer solchen
Höhe zahlen, daß die chin. Wirtschaft gänzlich unter Kontrolle des Auslandes gerät.

Nach dem demütigenden Ausgang des Opium-Krieges bei vielen Chinesen   Die »Selbststär-
beginnender Zweifel an dem bisherigen Weltbild bis zur völligen Aufgabe.   kungsbewegung«
Die Erkenntnis wächst, daß China nicht mehr »Reich der Mitte« ist, sondern hilflos den verachteten Fremden als Ausbeutungsobjekt ausgeliefert.
Trotz Beharren des Hofes und der offiziellen Gesellschaft in den alten Vorstellungen entstehen in einigen Beamten- und Gelehrtenkreisen Bestrebungen zur Erneuerung und zum Wiedererstarken Chinas:

Lin Tse-hsü, der erste Chinese in offizieller Stellung, kaiserlicher Kom-   1785–1850
missar zur Bekämpfung des Opiumhandels, stellt die Forderung nach
Kenntnis des Westens.

Bei seinem Freund **Wei Yüan,** dem »ersten modernen Denker Chinas«, die   1794–1856
weitergehende Forderung, über die bloße Kenntnis des Westens hinaus sich
westliche Wissenschaften und Techniken mit besonderem Hinblick auf militärische Wiedererstarkung anzueignen.
Ihre Forderungen führen zur »Selbststärkungsbewegung« mit dem Ziel der
Stärkung des Reiches durch Waffentechnik und militärische Ausbildung
nach europäischen Mustern.

Haupt der Bewegung ist **Li Hung-chang,** einflußreicher Gouverneur und   1823–1901
Handelskommissar. Die Bestrebungen zur Industrialisierung scheitern
wegen des Mangels an einer technisch geschulten Arbeiterschaft, fehlenden
Ingenieuren, schwacher Finanzkraft des Staates und an der Unbeweglichkeit der Gesellschaft, ihre überkommene Weltvorstellung nach den neuen –
sich aus der Konfrontation mit Europa und Japan ergebenden – Tatsachen
umzubilden.
Nach der Niederlage im Japanisch-Chinesischen Krieg Verlagerung der
Bewegung vom militärisch-industriellen Bereich auf den politisch-sozialen
mit dem Ziel der Änderung der Gesellschaftsstruktur als Vorbedingung
und Vorstufe zur Wiedererstarkung. Führer dieser neuen Reformrichtung
wird **K'ang Yu-wei.** Zur leichteren Durchsetzung dieser Absichten gegen-   1858–1927
über den Traditionalisten macht er den Versuch der Uminterpretierung der
konfuzianischen Gedanken mit Hinblick auf zeitgemäße Bedürfnisse in
seiner Schrift »*Erforschung der Anschauung des Konfuzius über die Veränderung der Ordnung*«. Sein Hauptwerk »*Das Buch von der Großen
Gleichheit*« enthält sein Aktionsprogramm:

Errichtung einer parlamentarischen Demokratie mit Beibehaltung der Mandschu-Dynastie, geordneter Staatshaushalt und dessen Offenlegung, Abschaffung des traditionellen Prüfungssystems, Recht zur Gründung von Zeitungen und Verlagen, Förderung westlicher Wissenschaften, Recht des Volkes, sich mit Beschwerden und Vorschlägen an den Kaiser zu wenden, Beseitigung der Klassenschranken, Modernisierung des Bildungswesens und der Armee usw.

1898 Die vom Kaiser Kuang-hsü in die Wege geleitete »*Hundert-Tage-Reform*« geht im wesentlichen auf diese Vorschläge K'ang Yu-weis zurück. Großer Einfluß seiner Schriften auch auf den jungen **Mao Tse-tung.**

Nach dem Scheitern der »Hundert-Tage-Reform« an dem Widerstand der Kaiserinwitwe **Tz'u-hsi** verdichtet sich das Wollen der Reformer auf zwei Ziele: Vertreibung der Mandschu-Dynastie und Errichtung einer Volksdemokratie, zuerst bei den Gelehrten, nach dem Zusammenbruch der Boxererhebung auch in weiten Teilen des Volkes.

Gesellschaft und Wirtschaft Nach Eroberung Chinas durch die Mandschu und nach der Beseitigung der Ming-Dynastie keine Unterdrückung oder Enteignung der chin. Oberschicht, der Gentry. Sie ist daher bereit, trotz demütigender Bestimmungen, wie Zwang zum Tragen mandschurischer Tracht und Zopffrisur, mit den Eroberern zusammenzuarbeiten. Die kaiserlichen Prüfungen im Sinne der konfuzianischen Lehre als Laufbahnvoraussetzung werden beibehalten, und die chin. Verwaltungsorganisation wird vom Sieger übernommen. Erst nach dem Opium-Krieg wachsende Frontstellung der Gentry gegen die Mandschu-Herrschaft.

Während der zweiten Hälfte der Dynastie vier die Gesellschaft und die Wirtschaft erschütternde Entwicklungen:
1. Ungewöhnlich schneller und hoher *Bevölkerungsanstieg:*
um 1600   60 – 70 Millionen,
um 1700   110 – 120 Millionen,
um 1800   280 Millionen,
um 1850   430 Millionen.
Da wegen hemmender Staatsbürokratie und wegen mangelnden Unternehmungsgeistes kein neuer Boden landwirtschaftlich nutzbar gemacht worden ist, ständig wachsender Bevölkerungsdruck mit *Verarmung der Bauernschaft* und schließlich auch der meisten Großgrundbesitzer durch steigende Steuerlasten.
Bauern machen 80 % der Bevölkerung aus.

2. Durch die Öffnung zahlreicher Häfen nach dem Opium-Krieg und zwangsweise Begünstigung des ausländischen Handels stark zunehmende Einfuhr ausländischer Waren mit der Folge der *Verarmung des Handwer-*

kerstandes. Zugleich zunehmender Einfluß der Kaufleute, besonders in den Küstenstädten. Trotz ständiger Ausweitung des Außenhandels wird versäumt, eine Handelsflotte aufzubauen, so daß China von der Seewirtschaft des Auslandes abhängig bleibt.

3. Industriegründungen und Erschließung der Bodenschätze fast ausschließlich durch *ausländisches Kapital;* die nur gering vorhandene einheimische Initiative wird – oft aus Rivalitätsgründen gegenüber dem sich neu bildenden Stand des Unternehmers und Wirtschaftsführers – durch steuerpolitische und produktionsbeschränkende Vorschriften gehemmt.

4. Verarmung der Bauern und Handwerker führt zur Wanderbewegung in die großen Städte und zur *Entstehung eines unruhigen Proletariats* mit Schwerpunkt in Shanghai.

Wissenschaft und Kunst
Philosophie

Mit der Wiederbelebung der kaiserlichen Prüfungen erneut intensive Beschäftigung mit der kanonischen Überlieferung. Daneben aber allmählich stärker hervortretend antitraditionelles Schrifttum, so bei **Ku Yen-wu** und 1613–1683 **Huang Tsung-hsi,** den Begründern der kritisch-philologischen Schule, die 1610–1695 auch vor dem Kanon nicht haltmacht. Ihr Beitrag zur Entwicklung der späteren Revolutionsideen liegt in ihrer Lehre, daß ein Herrscher vom Volk abzusetzen sei, wenn er seine Aufgabe als Diener des Volkes nicht mehr erfülle.

Bei **Chang Hsüeh-ch'eng** die Auffassung, daß es wichtiger sei, die Erfahrungen der Geschichte zu studieren, als sich mit konfuzianischen Texten zu befassen. 1738–1807

Bei **Yen Yüan** über die bloß theoretische Betrachtung der Dinge hinaus die 1635–1704 ersten Ansätze zum Pragmatismus.

Bei **Tai Chen** als »erstem Empiriker Chinas« Weiterführung von Yen 1723–1777 Yüans Gedanken; mit seiner Methode exakter Naturbeobachtung legt er die Grundlage für die Naturwissenschaftler der nachfolgenden Zeit.

Moderne westliche Gedanken werden in China bekannt durch **Yen Fus** 1853–1921 Übersetzungen von *Thomas H. Huxley,* »Evolution and Ethics«, von *Adam Smith,* »Wealth of Nations«, von *Charles Darwin,* »Origin of Species«, von *J. S. Mill,* »System of Logic« und »On Liberty«, und von *Montesquieu,* »De l'esprit des lois« ins Chinesische; außerdem Beeinflussung der im Ausland studierenden chin. Jugend durch den Positivismus und durch den Marxismus.

Auf Anregung der Kaiser K'ang-hsi und Ch'ien-lung entstehen das Literatur »K'ang-hsi-Wörterbuch« mit 44 000 Schriftzeichen, die *»Große Enzyklopädie«* mit 10 000 Kapiteln über das gesamte Wissen der Zeit und die Literatursammlung *»Sämtliche Werke der vier Literaturgattungen«,* allerdings unter Ausschluß aller nonkonfuzianischen und ming-freundlichen Schriften, ein heute noch nicht zu entbehrendes literaturgeschichtliches Nachschlagewerk.

Ein ebenfalls in dieser Zeit verfaßter Bühnenkatalog nennt 1013 Theaterstücke.

In der Dichtung anfangs Fortsetzung aller bisherigen Stilgattungen, wobei es mehr auf Verfeinerung der Form als auf Originalität ankommt. Am Ende der Mandschu-Zeit bei nahezu allen Schriftstellern Ablehnung der alten Vorbilder und Inhalte, verbunden mit mehr oder weniger offener Forderung nach Umsturz.

1640–1715	Als herausragend gelten **P'u Sung-ling,** »Seltsame Geschichten aus dem Studierzimmer«, eine in alle Weltsprachen übersetzte Novellensammlung;
1716–1797	**Yüan Mei,** »Wovon der Meister nichts erzählt«, mit Kritik an dem konfu-
gest. 1763	zianischen Erziehungssystem; **Ts'ao Hsüeh-ch'in** mit dem familienkritischen Roman »Der Traum der roten Kammer«;
1701–1754	**Wu Ching-tzu,** »Geschichten aus dem Leben der Gelehrten«, als Kritik
1763–1828	am erstarrten Konfuzianismus; **Li Ju-chen,** »Vereinigung des Spiegels mit der Blume«, als Kritik an der Benachteiligung der Frau in der chin. Gesellschaft.

Musik

In der Musik ebenfalls Abrücken von der Tradition, außer in der sakralen Musikpflege in konfuzianischen und buddhistischen Tempeln, mit dem Ziel, den chin. Stil mit abendländischen Kompositionstechniken zu verbinden.

In der Mandschu-Zeit noch stärkeres Hervortreten des Theaters als bisher.

Malerei

Die Malerei bleibt nach wie vor die hohe Kunst Chinas, ausgeübt vorwiegend von Mitgliedern der Oberschicht.

Als berühmteste Maler gelten aus der frühen Mandschu-Zeit die »Vier Wang« (**Wang Chien, Wang Shi-min, Wang Hui, Wang Yüan-ch'i**) mit konventionellen Landschafts- und Pflanzenthemen und **Wu Li** und **Yün Shou-p'ing.**

Daneben eine Gruppe »moderner« Maler, die gegen die Nachahmung der alten Vorbilder protestiert und den persönlichen, »spontanen« Stil fordert.

1630–1707	Sprecher dieser Richtung ist der buddhistische Mönch und Maler **Shih-t'ao.** Hohe Anerkennung des Jesuiten **Castiglione** aus Mailand unter
1688–1766	chin. Namen **Lang Shih-ning** für seine Anwendung europäischer Maltechniken auf chin. Motive.

Die Maler der späteren Mandschu-Zeit bleiben – wenn auch mit größerer Verfeinerung – bei dem überlieferten Stil; keine Ansätze zu neuen Themen und Ausdrucksmitteln, außer bei einigen, nur wenigen Malern, die eine Verschmelzung europäischer und chinesischer Malweise anstreben im

1894–1953	Sinne des von **Hsü Pei-hung** – nach Studium in Paris und Berlin – gegründeten Realismus. (Dieser findet seine Fortführung im sozialistischen Realismus der Volksrepublik.)

Nach der mandschurischen Machtergreifung durch K'ang-hsi schneller
Wiederaufbau der während der Machtkämpfe zerstörten kaiserlichen
Brennöfen in *Ching-te-chen;* Höhepunkt der Porzellanproduktion unter
dem Kaiser Ch'ien-lung. *Te-hua* in der Provinz Fukien wird zweites Zentrum mit vornehmlich weißem oder elfenbeinfarbenem Porzellan, wobei
die Einfarbigkeit zu mehr Feinheit in der plastischen Gestaltung führt.
Daneben Fortsetzung der sich schon in der Ming-Zeit anbahnenden Vielfarbigkeit, gegliedert nach der vorherrschenden Farbe der Muster in *»famille verte«, »famille rose«, »famille jaune«.*

Nach der Zerstörung der Porzellanfabriken wie auch der Lackwerkstätten
während des T'ai-p'ing-Aufstandes qualitatives Absinken der Produktion
zur mechanischen Nachahmung mit geringer werdender Sorgfalt und Feinheit. Auch Auftreten von zahlreichen Fälschungen für den europäischen
Markt.

Von der Revolution Sun Yat-sens bis zum Sieg Mao Tse-tungs

1911–1949

Der Zusammenbruch des Boxeraufstandes und der ständig steigende Druck des Auslandes auf China hatte die Zahl derjenigen Chinesen wachsen lassen, die eine Rettung nur in der grundsätzlichen Wandlung von Staat und Gesellschaft sahen. Von Sun Yat-sen und seinen Anhängern kommt der entscheidende Anstoß zum Sturz der Mandschu-Dynastie.

Bald jedoch zeigt sich die Unfähigkeit der Revolutionäre, an die Stelle des zerschlagenen Systems etwas überzeugend Neues zu setzen. Ihre Absicht, amerikanische bzw. europäische Vorstellungen von Politik und Gesellschaft auf China anzuwenden, scheitert an dem anderen Kulturbewußtsein der Chinesen und ihrem anderen Menschenbild.

Der erste Präsident der jungen Republik, **Yüan Shih-k'ai**, versucht vergeblich, die Monarchie wieder herzustellen. Nach seinem Tod geht die Macht in die Hände rivalisierender Militärbefehlshaber über. Aus der
1916
»Republik der Republikaner« wird die *»Republik der Generale«*. Diese stürzen – mit abwechselnder Unterstützung ausländischer Kräfte – das Land in einen ununterbrochenen Bürgerkrieg. Die jeweiligen Peking-Regierungen und Staatspräsidenten sind ohne Einfluß und Macht.

Eine Änderung der Verhältnisse bahnt sich mit der Ernennung **Chiang**
1927
Kai-sheks zum Oberkommandierenden der *»Nationalarmee«* an. Bald darauf kann er in Nanking eine *»Nationalregierung«* errichten, die eine relativ stabile Regierungsgewalt über ganz China mit bemerkenswerter Aufbauarbeit ausübt, wenn auch gehemmt durch Auseinandersetzungen mit den chinesischen Kommunisten, mit immer wieder aufflackernden Unbotmäßigkeiten einzelner Militärbefehlshaber in den Provinzen und mit Japan.

Bei Chiang Kai-sheks Versuchen, die Kommunisten und die von ihnen aufgestellte »Rote Armee« auszuschalten, weichen diese unter der Füh-
1934–1935
rung **Mao Tse-tungs** in dem *»Langen Marsch«* in die abgelegene, unwegsame Provinz *Shensi* aus, wo sie mit der Hauptstadt *Yenan* eine kommunistische Basis errichten.

1936
Unter dem wachsenden Druck der japanischen Gefahr kommt es zur Zusammenarbeit zwischen Chiang Kai-shek und den Kommunisten, wobei letztere im Rücken der japanischen Front eine Guerillaorganisation mit kommunistischen Zellen aufbauen. Diese lassen im Bewußtsein der Massen die KP Chinas immer stärker als Kern und Führer des nationalen Abwehrkampfes erscheinen.

Für die Zukunft bahnt sich damit die entscheidende Wende an. Die Entwicklung wird gefördert durch das sowjetische Verhalten, da die Sowjetunion die von ihr noch in den letzten Tagen des II. Weltkrieges besetzte Mandschurei erst räumt, nachdem die chinesischen Kommunisten das von den Japanern zurückgelassene umfangreiche Kriegsmaterial an sich genommen haben. Damit gewinnt im Endkampf zwischen Chiang Kai-shek und Mao Tse-tung um die Macht in China letzterer einen wesentlichen Vorteil.

Mao verkündet mit den Worten:»Das chinesische Volk, ein Viertel der Menschheit, hat sich erhoben«, die Gründung der »**Volksrepublik China**«; Chiang Kai-shek zieht sich mit den Resten seiner Anhänger nach *Formosa/Taiwan* zurück.

1. Okt. 1949

Von der Revolution Sun Yat-sens bis zum Eingreifen Chiang Kai-sheks

Die Revolution von 1911 ist eng mit dem Namen Sun Yat-sen, dem »Vater der Revolution«, verbunden. (In Kanton geboren, erste Ausbildung in Honolulu, Studium der Medizin und der Volkswirtschaft in Hongkong, ausgedehnte Reisen nach den USA und nach Europa, früher Kontakt mit antimandschurischen Geheimgesellschaften, Gründer der geheimen »Gesellschaft zur Entwicklung Chinas«, Zusammenschluß mit anderen zum »Chinesischen Revolutionsbund«, dem Vorläufer der »Nationalen Volkspartei« = Kuo-min-tang.)

Anfänge Sun Yat-sens und seine Reformideen

1866–1925

1912

Sein Programm in den »Drei Grundlehren vom Volk«:

1. Nationalismus als Befreiung von der Mandschuherrschaft
2. Republikanische Verfassung mit dem Recht des Volkes zur Gesetzesinitiative, zur Abberufung der gewählten Vertreter und zum Volksentscheid.
3. Sozialismus mit Schwerpunkt auf der Agrarreform, gleichmäßige Verteilung des Bodens, Kontrolle des Kapitals.

Der Verwirklichung des Programms soll die »Fünf-Gewalten-Verfassung« dienen mit: Legislative, Exekutive, Jurisdiktion, Prüfungsamt für Beamtenauswahl und Aufsichtsamt über Volksvertreter und Beamte. Drei Zeitabschnitte für die Durchführung sind vorgesehen: dreijährige Militärregierung zur Konsolidierung im Innern; sechsjähriger Aufbau lokaler Selbstverwaltungen zur Einübung demokratischer Spielregeln; erst danach Einberufung einer Körperschaft zur Schaffung einer Verfassung.

In späteren Jahren bei Sun Yat-sen Erweiterung des Programms mit sozialrevolutionären Forderungen, wie Verstaatlichung der Grundindustrien und des Verkehrswesens, Errichtung der klassenlosen Gesellschaft bei Ablehnung des Klassenkampfes als »Seuche«.

Berufung auf seine Gedanken sowohl bei Chiang Kai-shek wie bei Mao Tse-tung, bei der Kuo-min-tang = K M T wie bei der Kommunistischen Partei Chinas = K P CH.

12. 2. 1912   Der Sturz der Mandschu-Dynastie erweist sich bald keineswegs nur als Auftakt zu einem bloßen Herrschaftswechsel, sondern durch Zerstörung bzw. Aufweichung aller traditionellen Grundlagen vielmehr als Abschluß einer langen Geschichte Chinas.

Die »Republik der Generale«

1916

Mit der Abschaffung des Kaisertums Verlust des politisch einigenden Bandes für das Reich. Versuch des ersten Präsidenten der Republik **Yüan Shih-k'ai** – Sun Yat-sen hatte zur Vermeidung eines Bürgerkrieges auf das Präsidentenamt verzichtet –, die Monarchie als eine konstitutionelle wiederherzustellen. Er scheitert jedoch. Nach seinem Tod Beginn der Kämpfe rivalisierender Militärbefehlshaber, Abenteurer und Bandenführer, der »*Warlords*«, auf Kosten der Bevölkerung, hauptsächlich der Bauern, mit willkürlichen Zwangssteuern, Plünderungen, Zwangseinziehungen zum Soldatendienst und ohne den Willen zur Verwirklichung politischer und sozialer Reformen. Das Reich politisch in Auflösung, wirtschaftlich im Chaos.

Tibet und die *Mongolei* lösen sich aus dem Reichsverband, da beide Regionen nicht bereit sind, ihren dem Kaiserreich erwiesenen Gehorsam auf die Republik zu übertragen.

Um die Stabilisierung der Verhältnisse im Reich zu verhindern oder möglichst lange hinauszuschieben und um weitere Vorteile zu gewinnen, werden die einzelnen Warlords abwechselnd durch das Ausland unterstützt. Größte Vorteile sichert sich Japan, während die Westmächte durch den I. Weltkrieg gebunden sind.

18. 1. 1915   Die »*Einundzwanzig Forderungen*« Japans, die zum großen Teil mit militärischem Druck durchgesetzt werden, sind der Versuch, China zum Satelliten Japans zu machen. Die einschneidendsten sind: Anerkennung japanischer Rechte auf die Provinz Shantung, Gewährung von Sonderrechten in der Mandschurei, Kontrolle der wichtigsten chinesischen Industrien durch Japan, Verpflichtung Chinas, keiner anderen Macht als nur Japan Pachtrechte für Häfen zu überlassen.

Unter dem Zwang der Westmächte chinesische Kriegserklärung an das Deutsche Reich. Als jedoch im *Versailler Vertrag* das deutsche Pachtgebiet und die deutschen Rechte in der Provinz Shantung – mit Zustimmung der USA – Japan übertragen werden, verweigert die Pekinger Regierung unter dem Druck allgemeiner Empörung die Unterzeichnung des Vertrages. Die öffentliche Meinung (Studentendemonstrationen und Streiks in den Industriezentren) kehrt sich gegen die USA. Erste Hinwendung zur Sowjetunion, besonders nach deren feierlichen Verzichterklärungen auf alle vom zaristischen Rußland erworbenen Rechte in China.

14. 8. 1917

Beendigung des Krieges mit dem Deutschen Reich im *Chinesisch-Deutschen Abkommen*, dem ersten Vertrag, den China auf der Basis völliger Gleichberechtigung mit einer europäischen Macht schließt. Die daraus folgende freundschaftliche Zusammenarbeit zwischen Deutschland und China – besonders auf wirtschaftlichem Gebiet – dauert bis zum II. Weltkrieg, bis Hitler-Deutschland die von Japan eingesetzte separatistische chinesische Regierung in Nanking unter **Wang Ching-wei**, dem wichtigsten nicht-kommunistischen Gegenspieler Chiang Kai-sheks, anerkennt.

1921

1940

Ausweitung der Studentendemonstrationen und der Arbeiterstreiks zu einer sozialen und kulturellen Bewegung, der »*Kulturrevolution der Republik*«, mit dem Hauptziel der Zerstörung jeglicher traditioneller Bindungen und Ideen, vor allem des Konfuzianismus, in welchem das größte Hindernis für den Fortschritt gesehen wird. »Zertrümmerung des Ladens des Konfuzius« wird das Schlagwort für den absoluten Bruch mit der Vergangenheit, den Sun Yat-sen noch hatte verhindern wollen. Die Zeitschriften »*Neue Jugend*« und »*Neue Flut*« werden Sammelpunkt, Diskussionsforum und Sprachrohr aller fortschrittlichen Geister in China. Die Pekinger Universität unter dem Präsidenten **Ts'ai Yüan-p'ei** geistiges Zentrum für revolutionäre Ideen.

Die 4.-Mai-Bewegung und ihre Folgen

1867–1942

Die geistigen Grundlagen kommen aus zwei Gedankenkreisen: dem philosophischen *Pragmatismus* des Amerikaners **John Dewey** entsprechend seinen in China gehaltenen Gastvorlesungen und aus dem Sozialismus als der Lehre von der Änderung der Wirtschaft zur Umgestaltung der Gesellschaft. Dewey spricht mit seiner Lehre von der Ausrichtung des Denkens an den praktischen Gegebenheiten vor allem den nüchternen Sinn der Chinesen für Tatsachen an. Die Beschäftigung mit ihm führt unter der Feder-

Die Ideen der Bewegung 1919–1921

führung des Pekinger Universitätsprofessors **Ch'en Tu-hsiu** zum *Marxismus-Leninismus*.

Außerdem zur moralischen Rechtfertigung häufige Berufung auf **Nietzsches** Wort von der »*Umwertung aller bisherigen Werte*« mit kritikloser Bewunderung westlicher Verhältnisse.

Die literarische
Revolution

1859–1962
1881–1936

Forderung nach Anerkennung der Umgangssprache als Schriftsprache sowohl für die Dichtung als auch für das Sachschrifttum zum Zweck der Wissensverbreitung und der politischen Aufklärung in allen Bevölkerungsschichten. Am nachdrücklichsten wird die Forderung von dem Pekinger Professor **Hu Shih** und von dem die Jugend am nachhaltigsten beeinflussenden Dichter **Lu Hsün** vertreten. Nach seinem Tod wird letzterer von der KPCH als »Gorki Chinas« und als »Großer Fahnenträger der proletarischen Literaturbewegung« verehrt.

Siegeszug der Umgangssprache; bisher war ein Aufstieg in höhere Staatsämter nur möglich mit ausgewiesener Kenntnis der klassischen Literatursprache; jetzt nicht mehr vorrangig. Erstmals die Forderung nach Ersetzung der alten Schriftzeichen durch das lateinische Alphabet.

Gesellschaftliche
Umschichtung

Im Bewußtsein des Volkes Autoritätsschwund der konfuzianisch erzogenen Beamtenschaft; an deren Stelle treten zumeist im Ausland ausgebildete *Studenten*.

Da die Westmächte wegen ihrer Bindung im I. Weltkrieg China nicht ausreichend industriell beliefern können, Ausbau der bisher nur im geringen Umfang vorhandenen einheimischen Industrie in eigener Regie. Die ersten großen Industrieanlagen nach technisch modernen Produktionsmethoden vornehmlich in den Hafenstädten und an den Knotenpunkten der Eisenbahnlinien mit dem Entstehen einer zahlreichen *Arbeiterschaft*, die sich in den meisten Fällen aus ehemaligen Bauern rekrutiert und geeigneter Nährboden für Ideologien wird.

Mit der Landflucht auch beginnende Zersetzung des traditionellen Familienverbandes.

Die auf dem Lande gebliebenen *Bauern* sind politisch uninteressiert, aber – wie in früheren Zeiten – wegen der drückenden Pacht- und Steuerverhältnisse zu gewaltsamen Erhebungen leicht zu gewinnen.

Durch das Anwachsen der heimischen Industrie und Wirtschaft bildet sich das *Kapitalbürgertum* mit dem Manager-System und mit weiter wachsendem Ansehen des *Kaufmannsstandes*. Politisch von Bedeutung werden diese beiden Gruppen durch ihr Interesse an einer starken Regierung zum Schutz gegen Eingriffe und Erpressungen der Warlords.

Da der Grundbesitz nicht mehr die einzige Möglichkeit zur Kapitalanlage ist, erheblicher Wertschwund von Grund und Boden, dadurch stark sinkender Einfluß der alten Oberschicht, der Gentry.

Das geistige Vakuum, entstanden durch die Zerschlagung der Tradition, erleichtert das Eindringen marxistisch-leninistischer Gedanken. Propagandistisch günstig wirkt sich auch Lenins Botschaft von der »Befreiung der unterdrückten Völker« vom westlichen Imperialismus und auch der mehrfach verkündete Verzicht der Sowjetunion auf alle von den Zaren in China erworbenen Rechte aus. Motor für die Ausbreitung des Marxismus-Leninismus sind der schon genannte Pekinger Professor **Ch'en Tu-hsiu**, der ebenfalls schon genannte Schriftsteller **Lu Hsün** und der Direktor der Pekinger Universität **Li Ta-chao**, unter dem Mao Tse-tung als Bibliotheksangestellter arbeitet. Gründung der Kommunistischen Partei Chinas (KPCH)

Hauptstationen der Entwicklung:

Gründung der »Gesellschaft zum Studium des Marxismus« in Peking; in anderen Städten Gruppenbildungen »zum Studium russischer Angelegenheiten«. 1918

Eintreffen des russischen Kominternagenten **Gregor Woitinsky** zur ideologischen und organisatorischen Gleichrichtung der entstandenen Gruppen. 1920

In Shanghai Gründung der *Kommunistischen Partei Chinas* = KPCH mit fast 300 Mitgliedern unter der Bezeichnung »Erster Kongreß der Kommunistischen Partei Chinas«; erster Generalsekretär wird *Ch'en Tu-hsiu*; **Mao Tse-tung** wird Parteisekretär in Hunan mit dem besonderen Augenmerk auf die Gewinnung der bäuerlichen Bevölkerung. 1. Juli 1921

Um die gleiche Zeit Gründungen von chinesisch-kommunistischen Studentenvereinigungen an ausländischen Universitäten.

Die Nationale Volkspartei = Kuo-min-tang gilt im Bewußtsein des Volkes lange als Verkörperung der Revolution. Ihr Vorläufer ist die von Sun Yat-sen gegründete Geheimgesellschaft *»Chinesischer Revolutionsbund«*. Aus dem Zusammenschluß mit anderen Gesellschaften entsteht die *Kuo-min-tang* mit dem »Fünf-Punkte-Programm«: Kuo-min-tang (KMT)
1912

1. Kampf um die Wiedervereinigung Chinas,
2. Errichtung lokaler Selbstregierungen,
3. Abschaffung jeglicher rassischer Diskriminierung,
4. durchgreifende soziale Reformen,
5. Erhaltung des internationalen Friedens.

Zum politisch wirksamen Faktor wird die Partei erst nach Neugründung und Straffung der Organisation durch Sun Yat-sen, der trotz zahlreicher Macht- und Richtungskämpfe in der Partei zwischen »linkem« und »rechtem« Flügel, zwischen Nord- und Südinteressen und trotz ständiger Einmischung des Auslandes die Führung behält. 1919–1923

Da bei Japan und den europäischen Mächten – ausgenommen die Sowjetunion – mehr und mehr die Absicht deutlich wird, Chinas Einigung zu verhindern, Hinwendung Sun Yat-sens nach Moskau, welches mehrfach als einzige fremde Macht Hilfe für Chinas Kampf um Unabhängigkeit und Einheit versprochen hatte. Die Sowjetunion rechnet durch Unterstützung der Kuo-min-tang auf China als mögliches Gegengewicht zu Japan; Sun Yat-sen rechnet in erster Linie auf russische Hilfe gegen die Warlords zur Stabilisierung der inneren Verhältnisse.

1923   Abkommen zwischen Sun Yat-sen und dem sowjetischen Vertreter **Adolf A. Joffe**, erstes Dokument chinesisch-sowjetischer Zusammenarbeit. In dem Abkommen ausdrückliche Respektierung ideologischer Selbständigkeit beider Länder und eigener revolutionärer Methoden; Sun Yat-sen ist nicht bereit, sowjetische Hilfe mit dem Preis ideologischer Abhängigkeit zu bezahlen. Im 4. Abschnitt des Abkommens Erklärung Joffes, daß die Sowjetunion keine imperialistische Politik in der Äußeren Mongolei verfolgen wolle.

1923   Im gleichen Jahr Entsendung des jungen, Sun Yat-sen ergebenen Offiziers **Chiang Kai-shek** zum Studium nach Moskau; sowjetische militärische Instrukteure und politische Berater unter dem General *Wassilij K. Bluecher* und unter dem Chefberater **Michail Borodin** kommen nach China mit Geldern und Waffen für den Aufbau einer Nationalarmee. Da nach Meinung Moskaus die Zeit für eine schlagkräftige kommunistische chinesische Partei noch nicht reif ist, erfolgt Weisung zur Zusammenarbeit der KPCH mit der KMT.

Januar 1924   Erster Parteitag der neu organisierten Kuo-min-tang mit der Absichtserklärung zur Schaffung einer Volksregierung in Übereinstimmung mit den Lehren Sun Yat-sens von den »Grundrechten des Volkes« und von der »Fünf-Gewalten-Verfassung«; zugleich Aufruf zum Kampf gegen die »ungleichen Verträge« und gegen die Vorrechte fremder Mächte in China.

12. 5. 1925   **Sun Yat-sens Tod**

Ein Jahr vor seinem Tod Gründung der Militärakademie *Whampoa*, als deren Direktor und militärischer Leiter er Chiang Kai-shek einsetzt. Die dort ausgebildeten Offiziere werden der Kern von Chiang Kai-sheks späterer Machtstellung in der Armee.
Stellvertretender Direktor und politischer Leiter wird der 25jährige vorher in der kommunistischen Studentenzelle in Paris tätige **Chou En-lai**.

Die Zeit Chiang Kai-sheks

Sein Aufstieg 1926   Mit Chiang Kai-sheks Ernennung zum Oberkommandierenden der Nationalarmee Beginn eines neuen Abschnitts der Revolution.
Es gelingt ihm, den Widerstand eifersüchtiger Militärbefehlshaber in den

104

Provinzen zu brechen. Wegen des disziplinierten Auftretens der Nationalarmee wird er vom Volk als Retter vor Willkür und Erpressung begrüßt. Nach Gewinnung einer einigermaßen gefestigten Machtposition Entfernung aller sowjetischen Berater und Bruch mit der Kommunistischen Partei wegen der Gefahr der Abhängigkeit von der Sowjetunion und der inneren Gefahr der Aushöhlung bzw. Unterwanderung der KMT durch die KPCH. Harte Verfolgung aller Kommunisten. *Nanking*, wo die Nationale Volkspartei ihren Schwerpunkt hat, wird Hauptstadt und Sitz der von Chiang Kai-shek gegründeten »Nationalregierung«.

1927

Um die gleiche Zeit Aufnahme der Verbindung mit mächtigen Finanzkreisen des In- und Auslandes um Finanzhilfen für den Aufbau Chinas mit der Zusage Chiangs, das Privateigentum zu schützen. Bekräftigung dieser Absprache durch seine Heirat mit einer aus einer einflußreichen Bankiersfamilie stammenden Schwägerin Sun Yat-sens; durch sie findet er Eingang in die Kreise der Hochfinanz.

Diese Schritte bedeuten die entscheidende Wende im Ablauf der Revolution; sie bedeuten den Beginn des Kampfes zwischen KMT und KPCH, zwischen Chiang Kai-shek und Mao Tse-tung, der 22 Jahre später mit dem Sieg des letzteren endet.

Trotz immer wieder aufflackernder Widerstände in den Provinzen – noch bis 1936 – Wiederaufbau der den Staat zusammenhaltenden Verwaltung, Einführung eines »Bürgerlichen Rechts« nach europäischen Rechtsvorstellungen mit Gleichstellung der Geschlechter; wirtschaftliche Förderung durch industrielle Neugründungen und Ausbau und Modernisierung des Verkehrswesens; Ausbau und Modernisierung des Ausbildungswesens (90% der Bevölkerung Analphabeten); Gründung der Bewegung »*Neues Leben*« zur Beeinflussung der Jugend im Sinne des wiedererwachten Konfuzianismus und zur Aufrechterhalten der sozialen Ordnung nach traditionellen Maßstäben.

Die Nationalregierung

innenpolitisch

In diesem Restaurationsversuch wie auch in der Zurückstellung der oft versprochenen Bodenneuverteilung sehen Gelehrte und Schriftsteller in Shanghai einen Verrat an den Absichten Sun Yat-sens; Gründung der »*Liga linksgerichteter Schriftsteller*«, mit der sie innerhalb der Intellektuellenschicht den Boden für die kommunistische Ideologie bereiten. Erleichtert wird ihnen ihre Absicht durch die in den dreißiger Jahren im Chiang-Kai-shek-System um sich greifende Korruption und Günstlingswirtschaft, in die fast alle Politiker, Beamte und Militärs in Führungsstellen verwickelt sind.

1931

Oberste Ziele der Außenpolitik sind: Wiedergewinnung der seit dem Ende der Mandschu-Dynastie verlorengegangenen Gebiete Tibet, Sinkiang, Mongolei; Formosa/Taiwan – seit 1895 japanisch – wird nicht genannt.

außenpolitisch

Aufhebung der »ungleichen Verträge« und Rückgewinnung aller Souveränitätsrechte.

Chiang Kai-shek anfangs in vielen Maßnahmen erfolgreich. Erschwert wird das innen- und außenpolitische Aufbauwerk durch zwei allmählich stärker hervortretende Konfrontationen: durch die KPCH und durch Japan.

Chiang Kai-shek und die KPCH Kampf gegen die KPCH

1886–1976

1934–1935

Seit dem Verbot und der Verfolgung der Kommunistischen Partei und dem Abrücken Chiang Kai-sheks von den Reformideen Sun Yat-sens Beginn des Bürgerkrieges zwischen der KMT und der KPCH.

In einigen weiten und unübersichtlichen Landstrichen, die von der Nationalregierung nur schwer zu kontrollieren sind, baut **Chu Te**, ehemaliger Student in Berlin, eine Rote Bauernarmee nach den Anregungen Mao Tsetungs auf.

Fünf Feldzüge Chiangs gegen die Kommunisten. Um der vollständigen Vernichtung zu entgehen, Rückzug der Roten Armee in dem legendären »Langen Marsch« über 12 000 Kilometer durch elf Provinzen in das abgelegene und schwer erreichbare Bergland von *Nord-Shensi* unter der Führung Mao Tse-tungs. Dort mit dem Zentrum in **Yenan** Gründung einer Räterepublik, die Ausgangspunkt für die spätere Eroberung ganz Chinas wird.

Fünffache für den Fortgang der Revolution und des Machtkampfes bedeutsame Wirkung des »Langen Marsches«:

Überleben des kommunistischen Kerns;

engster Zusammenschluß der Überlebenden als Schicksalsgemeinschaft auf der Grundlage gemeinsam erlebter Mühsale und gewonnener Kampferfahrung;

ein Drittel der chinesischen Bevölkerung hat während des monatelangen Marsches eine ungewöhnlich streng disziplinierte Truppe erlebt;

Mao setzt sich endgültig als dominierende Persönlichkeit des chinesischen Kommunismus durch;

seine These von der »Guerilla-Moral« und von der Macht des Willens »aus eigener Kraft« gegen unüberwindlich scheinende Hindernisse wird allgemeines Gedankengut der KPCH.

Zusammengehen der KMT mit der KPCH

13. Dez. 1936

Unter dem Eindruck der japanischen Gefahr wachsende Stimmen in der Öffentlichkeit, die eine Einstellung des Kampfes gegen die Kommunisten fordern und die Bildung einer gemeinsamen antijapanischen Front befürworten. Um Chiang Kai-sheks Zustimmung zu erzwingen, wird er von einem seiner Generale im sogenannten *Sian*-Zwischenfall gefangengestzt. **Chou En-lai**, der inzwischen engster Vertrauter Maos geworden ist, erwirkt in dessen Auftrag Chiangs Freilassung. Kurz darauf Bildung der »*Nationalen Front*« zwischen KMT und KPCH und Erklärung eines Burgfriedens, wenn auch mit unterschiedlichen Beweggründen und Hintergedanken: bei Mao die Hoffnung auf Ausblutung der Nationalarmee im Kampf gegen die Japaner, bei Chiang die Besorgnis um möglichen Verlust seines Prestiges im Volk, falls er sich nicht genügend gegen Japan einsetzt.

Während der chinesischen Parteikämpfe Erneuerung der jahrhundertealten Versuche Japans, auf dem asiatischen Kontinent Fuß zu fassen: Zwischenfall von **Mukden**, provoziert von der japanischen Kwantung-Armee, löst die Besetzung Mukdens und anderer Plätze in der Mandschurei aus und führt ein Jahr später zur Ausrufung des mandschurischen Staates *Mandschukuo* als japanisches Protektorat mit dem letzten Mandschu-Kaiser **P'u-i** als nominellem Staatsoberhaupt. Die japanische Agression

18. 9. 1931

1932

Japanische Angriffe in und um *Shanghai*, weiteres Eindringen in nordchinesische Gebiete und schließlich der Zwischenfall an der **Marco-Polo-Brücke** in der Nähe Pekings lösen den Japanisch-Chinesischen Krieg aus. (Schußwechsel chinesischer Soldaten mit japanischen, die gemäß den Boxerprotokollen in Peking und Umgebung stationiert sind). **1932**

7. Juli 1937

Von Chiang war, da er die kommunistische Gefahr für sein Aufbauwerk größer erachtete als die japanische, lange keine genügende Abwehr erfolgt. Erst mit Bildung der »Nationalen Front« wendet er sich gegen Japan und übernimmt den *Vorsitz des Vereinigten Verteidigungsrates*.

Chiangs Zurückweichen in das Innere des Landes, Verlegung der Nanking-Regierung in das entfernte **Chungking**, um sie dem Einfluß der Japaner zu entziehen. Die meisten Großstädte sind bald unter japanischer Kontrolle, nicht aber das weite Land, wo vorwiegend kommunistische Verbände mit Guerilla-Kriegführung die rückwärtigen und länger werdenden Nachschublinien der Japaner zerstören. In Nanking bildet der langjährige Vizepräsident der KMT und persönliche Feind Chiang Kai-sheks **Wang Ching-wei** eine von Japan abhängige Marionettenregierung.

Die Zerrissenheit des Reiches wird deutlich in den nebeneinander bestehenden drei Hauptstädten: *Chungking/Chiang Kai-shek, Yenan/*Mao Tse-tung und *Nanking/*Wang Ching-wei.

Wirksame Entlastung seiner Lage erfährt Chiang erst mit dem Eintritt Japans in den II. Weltkrieg, der starke japanische Kräfte im Pazifik bindet. Weiterer Vorteil, den Chiang für sich bucht: Um China von einem möglichen Separatfrieden mit Japan abzuhalten, verzichten die kriegführenden Mächte auf ihre früher von China erpreßten Rechte, außer Sowjetunion hinsichtlich der Amur- und Ussuri-Gebiete. **März 1940**

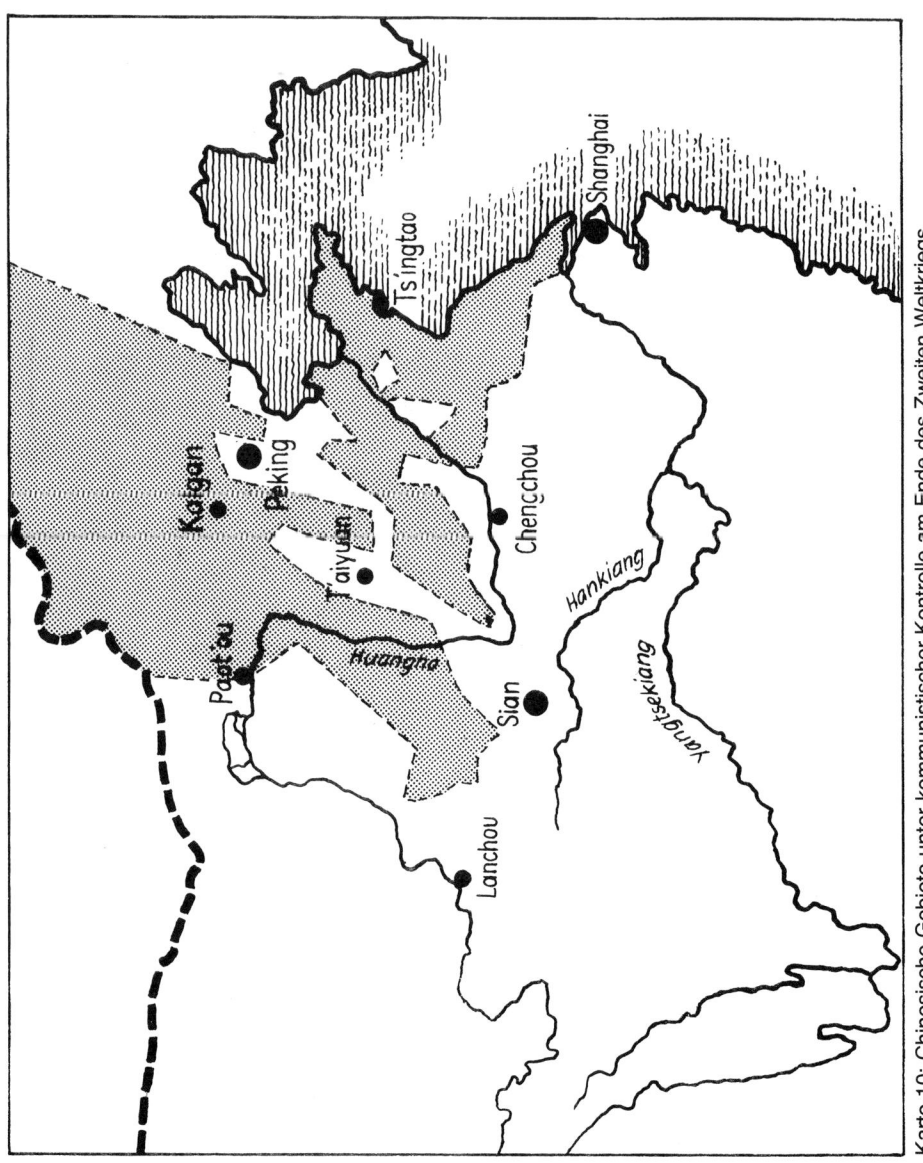

Karte 10: Chinesische Gebiete unter kommunistischer Kontrolle am Ende des Zweiten Weltkriegs

Mit der sich anbahnenden Niederlage Japans nach den großen Seeschlachten im Pazifik allmählicher Verfall des Bündnisses zwischen KMT und KPCH; vorherrschend wird in beiden Parteien das Streben nach Ausweitung ihres Einflusses für die Zeit nach dem Krieg. Erneuter Ausbruch des Bürgerkrieges nach der Kapitulation Japans, nachdem der amerikanische Vermittlungsversuch, das Zustandekommen einer Koalitionsregierung zu erreichen, wegen Washingtons falscher Beurteilung der Lage in China gescheitert ist.

Von der Mandschurei aus siegreiches, kaum gehindertes Vordringen der Roten Armee bis in den Süden und Südwesten mit Ausbreitung der kommunistischen Macht über ganz China. **Mao Tse-tung** ruft in Peking die **»Volksrepublik China«** aus; **Peking** wird wieder Hauptstadt.

Chiang Kai-shek flieht mit dem Rest seiner Soldaten, gefolgt von zwei Millionen Chinesen, nach Formosa/Taiwan, das nach der Niederlage Japans wieder an China zurückgefallen war; dort Ausrufung der **»Nationalen Republik China«** mit dem Anspruch, das ganze China zu repräsentieren. Chiang Kai-shek wird Staatsoberhaupt.

Neben Wirtschaftshilfe aus den USA erhält Taiwan-China auch militärische und politische Unterstützung durch den Beistandspakt mit den USA, nach welchem überdies die Zulassung der Volksrepublik China zur UNO bis 1971 verhindert wird.

a) Von unmittelbarem Einfluß auf den Gang der Ereignisse ist die Überlassung der von den Sowjetrussen bei ihrem Einmarsch in die Mandschurei erbeuteten Waffen und Kriegsgeräte an die chinesische Rote Armee. (Die UdSSR hatte trotz eines Bündnisses mit Japan noch kurz vor der japanischen Kapitulation Japan den Krieg erklärt, da ihr auf der *Konferenz von Jalta* – ohne Wissen und Zustimmung Chinas – Dairen, Port Arthur und die mandschurische Eisenbahn für das Kriegsende zugesprochen worden war.)

b) Während Chiang Kai-sheks Truppen vorwiegend im Fronteinsatz stehen, führt die Rote Armee im Rücken der Japaner Guerilla-Krieg mit gleichzeitiger Organisation dieser Gebiete im Untergrund nach gemäßigten kommunistischen Grundsätzen. Dabei zeigen die roten Offiziere hervorragende Ausbildung in Verwaltungspraxis, Massenpsychologie und in Wirtschaftsfragen.

c) In der Nationalarmee und der KMT wachsende Demoralisierung mit Korruption und Ausschreitungen gegen die Bevölkerung, in der KPCH und der Roten Armee strengste Disziplin, Idealismus und Uneigennützigkeit. **Mao** wird im Bewußtsein der Massen Verkörperer dieser Eigenschaften.

d) Die Sympathie des Volkes wendet sich den Kommunisten zu, nicht so sehr wegen des kommunistischen Parteiprogramms, sondern weil es in der KPCH die einzige nicht-korrupte starke Ordnungsmacht sieht.

Die Neueste Zeit

1. Oktober 1949 Mit der Proklamation der »Volksrepublik China« durch Mao Tse-tung beginnt in der Geschichte Chinas eine Entwicklung, die ohne Beispiel ist:
Verleugnung traditioneller Werte, radikale Umformung der Gesellschaft,
eine bisher noch nie gekannte Konzentration von Macht in den Händen
einer kleinen Führungsgruppe und ein Mobilisierungs- und Aufbaupro-
gramm gewaltigen Ausmaßes.

Mit der Neuordnung im Innern verbindet sich das Bestreben nach Wiederherstellung der alten Reichsgrenzen. Sinkiang, die Mandschurei, die
Innere Mongolei und Tibet werden wieder fest ans Reich gebunden. Ab
Ende der fünfziger Jahre beginnt eine außenpolitische Aktivität mit dem
Anspruch, nicht nur die erste Macht in Asien zu sein, sondern auch Zentrum und Vorbild der Weltrevolution gemäß den alten universalistischen
Ansprüchen des »Reichs der Mitte«. China gewinnt nicht nur wieder na-
tionales Ansehen in der Welt, es wird auch ein wichtiger Faktor der Weltpolitik.

Mao selbst sieht seinen Sieg nicht nur als einen Neuanfang, sondern
auch als Aufruf zur Erfüllung und Weiterführung eines Vermächtnisses
aus der Vergangenheit an. Das Ergebnis ist der **Maoismus**, nach chinesischer Formulierung »Die Gedanken Maos«, als Anpassung des Marxismus-Leninismus an die chinesischen Verhältnisse.

In dem ersten anderthalb Jahrzehnt nach der Machtergreifung zeigt die
Führungsgruppe die Konformität der »alten Kämpfer«. Seit dem »Großen
Sprung nach vorn« und spätestens seit der »Kulturrevolution« werden in
ihr stark unterschiedliche Auffassungen über den Weg Chinas in die Zukunft sichtbar. Zwei Gruppen stehen einander gegenüber: die nüchternen Pragmatiker und die messianischen Ideologen der »reinen Lehre«.
Nach dem Tode Maos und seines engsten Mitarbeiters **Chou En-lai** geht
es um die Frage, wie die Aufgaben der Zukunft, der schnelle industrielle
Aufbau und das chinesische Sicherheitsbedürfnis, zu bewältigen sind,
ohne dabei die Vision Maos vom reinen Kommunismus und vom »neuen
Menschen« preiszugeben. Maos hohes Ansehen wird sehr wahrscheinlich nicht beeinträchtigt werden; aber jede Seite wird ihn für sich in Anspruch zu nehmen suchen.

Mit der Entmachtung der Viergruppe, der sogenannten Viererbande,
scheint sich vorläufig eine ruhigere Entwicklung angebahnt zu haben.

Der Abschnitt dieser Neuesten Geschichte wird unterteilt in:

Das China Mao Tse-tungs seit der Ausrufung der Volksrepublik China
und
China nach Maos Tod

Das China Mao Tse-tungs

Die Entwicklung im Innern

Manche Historiker und Beobachter der Entwicklung im neuen China unterscheiden fünf – sich teilweise überschneidende – Phasen; sie werden hier übernommen:

1. Neuordnung der Partei und Festigung der Parteiherrschaft;
2. Wirtschaftliche Neuordnung;
3. Die »Hundert-Blumen-Bewegung«;
4. Der »Große Sprung vorwärts«;
5. Die »Kulturrevolution«.

Erste Phase

Neuordnung der Partei und Festigung der Parteiherrschaft mit der schon vor dem Endsieg von Mao angeordneten »*Chengfeng-Bewegung*« = Verbesserung der Arbeitsweise in allen Parteikadern mit dem Ziel der Ausrichtung des parteirichtigen Denkens und der Beseitigung von Abweichlern, verbunden mit gleichgerichtetem Aufbau der Parteiorganisationen in allen Provinzen bis ins letzte Dorf unter der Kontrolle der Pekinger Zentrale. Notwendigkeit dieser Maßnahmen wegen des lawinenartigen Anwachsens der Mitgliederzahlen der KPCH (1937 4000 Mitglieder, 1945 120 000, 1949 4,5 Millionen, 1956 über 10 Millionen) und wegen der oft zutage tretenden Unfähigkeit vieler Parteifunktionäre.

Zum Vergleich: 1978 schätzungsweise 35-40 Millionen Parteimitglieder.

Parallel dazu die »*Sanfan-Bewegung*« zur organisierten Bekämpfung der Korruption und des Bürokratismus und die »*Wufan-Bewegung*« gegen Steuerhinterziehung, schlechte Ausführung von Staatsaufträgen, Mißbrauch von Ämterinformationen.

Neuordnung der Partei und Festigung der Parteiherrschaft

bis 1956

Zweite Phase

Landreform, der alte Traum aller Bauernaufstände; anfangs als Enteignung der Grundherren und Großbauern und Neuverteilung des Bodens an die Bauern, danach zur Steigerung der agrarischen Produktion kooperative Zusammenfassung regionaler Kleinbetriebe zu Produktionsgemeinschaften mit je 160-200 Bauernhöfen und bald darauf *Kollektivierung des Bodens* als Allgemeinsbesitz.

Im *ersten Fünfjahresplan* Verstaatlichung der privaten Industrien und der privaten Handels- und Verkehrsbetriebe bis zur Beseitigung aller privaten Unternehmen. Mit der damit notwendig gewordenen staatlichen Wirtschaftsführung Anknüpfung an die alte bürokratische Tradition.

Wirtschaftliche Neuordnung

1950 bis etwa 1952

ab 1954/55

1953-1957

In Verbindung mit diesen Neuordnungen blutiger Terror gegen die besitzenden Gruppen; nach vorsichtigen Schätzungen sind in diesen Jahren 10 Millionen Chinesen getötet worden.

1954 Die Partei fühlt sich nun mächtig genug, eine Verfassung zu verkünden: Trotz des liberalen Verfassungstextes alle Macht allein in den Händen der Partei, der einzelne gegenüber Partei und Staat nahezu rechtlos.

1954 **Mao Tse-tung** wird »Vorsitzender« der Volksrepublik = Staatsoberhaupt.*

»Hundert-Blumen-Bewegung«
1956–1957

Dritte Phase

Um die Intellektuellen (in China nicht mit negativem Unterton, sondern Bezeichnung für jeden Wissenschaftler und Akademiker), die sich wegen des fanatisch-repressiven Auftretens vieler Parteifunktionäre von der Partei abgewandt hatten, für den Neuaufbau zu gewinnen, erfolgt durch *Chou En-lai* öffentliches entschuldigendes Bedauern der Parteispitze mit der Aufforderung an die Intellektuellen, ihre Meinung frei zu äußern. Im Anklang an die Zeit des Aufblühens der Philosophie während der *»Streitenden Reiche«* im 5.–3. Jahrhundert v. Chr. soll die Bewegung unter der Losung stehen: »Laßt hundert Blumen-Schulen des Denkens nebeneinander blühen, laßt hundert Richtungen miteinander wetteifern«.

Zur Überraschung der Partei heftigste Kritik der Intellektuellen am Marxismus-Leninismus, an der Partei und ihrer Monopolstellung und Ruf nach Einführung westlich-parlamentarischer Institutionen. Die Partei reagiert mit Säuberungs- und Umerziehungsaktionen, mit »Gehirnwäschen«, Zwangsselbstanklagen und Verschleppung der Wissenschaftler zu niedrigsten Handarbeiten. Zugleich Aufbau eines parteieigenen Ausbildungs- und Schulungsapparates mit der Aufgabe, aus der unverbrauchten Masse der Bauern und Arbeiter Spezialisten mit Fachwissen und zugleich ideologischer Festigkeit heranzubilden.

Zum ersten Mal wird deutlich, daß es Mao im Zweifelsfall primär auf die Innehaltung der Ideologie gegen Fachwissen und berufliche Leistung ankommt.

---

* Geb. am 26. Dezember 1893 als Bauernsohn in dem Dorf Shaoshan in der südchinesischen Provinz Hunan. 1912-1918 Besuch einer Lehrerbildungsanstalt, dort eingehende Beschäftigung mit dem »System der Ethik« des deutschen Philosophen Friedrich Paulsen. Paulsens Erziehungsziele Patriotismus, Fleiß, Selbsterziehung, Bescheidenheit, Mut, Pflichterfüllung, Opferbereitschaft und Nächstenliebe haben tiefen Einfluß auf Maos Denken und seine spätere Konzeption vom »neuen Menschen«. Nach dem Abschlußexamen Hilfsbibliothekar an der Universitätsbibliothek in Peking; hier erstes Zusammentreffen mit radikal fortschrittlich gesinnten Intellektuellen. 1921 auf dem Gründungstreffen der KPCH in Shanghai Ernennung zum Parteisekretär für die Provinz Hunan; mit wachsendem Erfolg Organisator von revolutionären Bauernverbänden. Seit dem »Langen Marsch« 1934/35 unbestritten der Führer und »Großer Lehrer« der Partei, 1935 Wahl zum Vorsitzenden des Politbüros der Partei.

Vierte Phase

Großangelegter Plan der Partei zur beschleunigten Steigerung der landwirtschaftlichen und industriellen Produktion. Zu diesem Zweck Gründung von »Volkskommunen«, genannt auch »Große Gemeinschaft« nach der im Volk stets noch lebendigen Vorstellung von einem Zusammenleben der Menschen ohne Klassenunterschiede und ohne Privateigentum, wie es in Zeiten der Urkaiser der Fall gewesen sein soll.

Name der ersten Volkskommune ist »Sputnik«, offensichtlich als antisowjetische Demonstration gedacht.

Zusammenfassung von je 40 000–60 000 Menschen auf regionaler Ebene als kommunistische, sich selbst versorgende Lebens- und Produktionsgemeinschaft. Ihre Aufgaben: Intensivierung der Landwirtschaft, Aufbau der regionalen Infrastruktur, Erschließung der lokalen Bodenschätze (Volkshochöfen-Bewegung), Aufbau leichter Konsumgüterindustrien zur Versorgung der örtlichen Bevölkerung, soziale Einrichtungen in eigener Verantwortung, Aufstellung von Milizeinheiten für eventuell notwendig werdende Guerillakriegführung, Bau von zahlreichen unterirdischen Schutzeinrichtungen.

Bei Errichtung der Volkskommunen sollen vier Vorstellungen Maos bzw. der Partei verwirklicht werden:

1. Integrierung von Bauern und Industriearbeitern,
2. Entlastung der Rüstungs- und Schwerindustrie,
3. Entlastung der Armee von regionalen Verteidigungsvorbereitungen,
4. Erziehung des »neuen Menschen«, der durch Erweiterung der Arbeitsgemeinschaft zur kommunistischen Lebensgemeinschaft erfüllt ist von den Tugenden Gemeinsinn, Opfer- und Einordnungsbereitschaft.

Zweifache politische Bedeutung:

1. Die Volkskommunen als autarke Wirtschafts- und Verteidigungseinheiten für den Kriegsfall;
2. Die Volkskommunen als erste sichtbare Verwirklichung kommunistischer Lebensgemeinschaft, womit der Anspruch der Sowjetunion, Vorbild und Führungsmacht des Weltkommunismus zu sein, bestritten wird.

Unzulänglichkeiten der Funktionäre und Widerstände der Bevölkerung gegen zu radikale und überstürzte Kollektivierungsmaßnahmen führen zum Zusammenbruch der Ernährungslage und zu erheblichem Produktionsrückgang in der Industrie; letzterer wird noch katastrophaler durch den plötzlichen Abzug russischer Ingenieure mit allen technischen Unterlagen. (Der Abzug durch Moskau erfolgte auf Grund des sich schnell abkühlenden Verhältnisses zu China; die Sowjetunion sah in dem »Großen Sprung« einen Angriff auf ihren kommunistischen Führungsanspruch in der Welt.)

Dezember 1958	Wegen der an seinem Volkskommunenkonzept geübten Kritik Rücktritt Mao Tse-tungs als Staatsoberhaupt, nicht jedoch als Vorsitzender des Zentralkomitees, des Politbüros und des Ständigen Ausschusses des Politbüros, der als höchstes Entscheidungsgremium anzusehen ist. Sein Nachfolger als Vorsitzender der Volksrepublik wird sein schärfster Kritiker **Liu Shao-ch'i.**
August 1959	Im *Lu-shan-Beschluß* revidiert die Partei den Volkskommunenplan im Sinne eines langsameren Aufbautempos und Gewährung von begrenzten Rechten und Freiheiten für Kommunemitglieder: Sicherstellung einer geregelten und begrenzten Arbeitszeit, keine Zerreißung der Familie, kein Zwang mehr zur Abgabe von Kindern und Säuglingen in Kinderhorten und -krippen, Recht auf beschränktes Privateigentum, eigene Viehhaltung auf eigenen kleinen Parzellen, Ansätze zu einem Leistungslohn.

Die »Kulturrevolution«
1963–1969

Fünfte Phase

Der Kampf Maos gegen seine Kritiker, die »Rechtsopportunisten«, d.h. gegen *Liu Shao-ch'i* und dessen Anhänger, führt zur *»Großen Proletarischen Kulturrevolution«*, bezeichnet auch als »Revolution in der tiefsten Seele des Menschen«, als ein das gesamte Volk ergreifendes Erziehungsprogramm. Dabei werden alle Einrichtungen und ihre Träger in Partei, Staat, Wissenschaft, Wirtschaft und Kunst in Frage gestellt.

Im einzelnen vier Antriebskräfte, die zur Kulturrevolution führen:

1. Kampf um die Macht,
2. Forderung nach Vorrang der Ideologie vor der Entwicklung technischer Produktionskräfte;
3. Indoktrinierung der gesamten Bevölkerung, besonders der Jugend, im radikalrevolutionären Sinne (»Mao-Bibel«);
4. Installierung der *»Permanenten Revolution«* als Mittel gegen Restaurierung, hierarchische Erstarrung, Bürokratisierung und gegen neue Klassenbildung der Funktionäre.

1969	Wegen starker Opposition innerhalb der Partei bedient sich Mao der Jugend, zusammengefaßt in den *»Roten Garden«* unter der Parole der »Beseitigung der Vier Alten« (alte Gedanken, alte Kultur, alte Sitten, alte Bräuche).
geb. 1909	Signal für den Ausbruch dieser »Revolution innerhalb der Revolution« ist der von den Mao-Anhängern geführte Angriff auf **Wu Han,** den stellvertretenden Bürgermeister von Peking, Professor für Geschichte und Verfasser des Bühnenwerkes *»Die Entlassung des Hai Jui«,* in welchem unter dem Deckmantel der Geschichte – Hai Jui, Beamter eines Ming-Kaisers, war wegen seines Mutes und seines Gerechtigkeitssinns entlassen worden – Mao als engstirniger Despot kritisiert wird.

Durch die »Roten Garden« sogenannte Säuberungsaktionen mit Terror-
maßnahmen, willkürlichen Verhaftungen, Diffamierungen und Demütigungen; sie richten sich gegen Persönlichkeiten des öffentlichen Lebens,
Parteifunktionäre, Wissenschaftler als »Bourgeois« oder »Revisionisten«.
Zusammenbruch fast aller bestehenden Institutionen, außer der Armee, die
von dem zum Verteidigungsminister erhobenen **Lin Piao** geführt wird;
Auflösung auch der meisten Parteikomitees, da sie von Liu-Shao-ch'is Anhängern besetzt sind. Das Abgleiten in das allgemeine Chaos wird verhindert durch das Eingreifen der Armee unter Lin Piao und durch die Beson-
nenheit und das Geschick des Ministerpräsidenten **Chou En-lai.**
Auf dem IX. Parteitag der KPCH werden **Liu Shao-ch'i** und der Generalsekretär der Partei, der als »Leistungsfanatiker« bekannte **Teng Hsiao-
p'ing,** zu »Gegnern der Revolution« erklärt und abgesetzt. Lin Piao wird
zum späteren Nachfolger Maos bestellt. Auflösung der Roten Garden, Ab-
schiebung der meisten ihrer Mitglieder in die unterbevölkerten Grenzge-
biete und nach Tibet. Erlaß eines neuen Parteistatus, das die Stellung Mao
Tse-tungs neu festigt und als bemerkenswertesten Punkt den Hinweis auf
die Notwendigkeit permanenter Revolutionen enthält.
Trotz der Fähigkeit Chou En-lais zur Überbrückung von Gegensätzen
bleibt die Frage nach der Priorität von Sachverstand oder Ideologie, von
Pragmatismus oder politisch-messianischer Tugend offen. Sichtbar wird
diese Spannung in der Öffentlichkeit durch den schon zwei Jahre später er-
folgten Sturz **Lin Piaos** und seine Brandmarkung als Verräter.   1971

Verkündigung einer neuen Verfassung, die im Grundsätzlichen noch heute   1975
gültig ist. Die wichtigsten Grundsätze sind: »Die Volksrepublik China ist
ein sozialistischer Staat der Diktatur des Proletariats.« »Die Kommunistische Partei Chinas ist der führende Kern.« »Der Nationale Volkskongreß
ist das oberste staatliche Machtorgan unter der Führung der Kommunistischen Partei Chinas.« Höchstes ausführendes Staatsorgan ist der »Staatsrat«, der auf Vorschlag des Zentralkomitees der Partei vom Nationalen
Volkskongreß ernannt wird; der Vorsitzende ist der Ministerpräsident.
Einrichtung des Staatsoberhauptes fehlt.

(Die Verfassungsänderung von 1978 sieht vor, daß der Ministerpräsident
die Kabinettsmitglieder bestimmt und sie dem Nationalen Volkskongreß
zur Ernennung empfiehlt.)

Außenpolitik unter Mao

Mit der Festigung der Parteimacht beginnende außenpolitische Aktivität,
da entsprechend der missionarischen Ideologie die chin. Revolution als Teil
und als Vorhut der Weltrevolution angesehen wird. Für die außenpolitische

Strategie wird die Welt je nach Bedeutung in drei Zonen oder »Welten« aufgeteilt gesehen (Drei-Welten-Theorie):

1. Welt = USA und UdSSR,
2. Welt = die dazwischenliegenden entwickelten Länder.
3. Welt = Entwicklungsländer

Kontaktaufnahme primär mit den Staaten, welche die Monopolstellung der USA und der UdSSR und deren Hegemoniestreben ablehnen. Dabei wird deutlich, daß China die größte Gefahr für den Weltfrieden in der Sowjetunion sieht.

Vier Schwerpunkte der Außenpolitik:
1. Rückgewinnung ehemals chinesischer Gebiete
2. Das Verhältnis zur Sowjetunion
3. Das Verhältnis zu den USA
4. Das Verhältnis zur dritten Welt.

1. Wiedergewinnung ehemaliger chinesischer Gebiete
1950/51
1949

Gewaltsame Wiedereingliederung **Tibets**, das sich seit dem Sturz der Mandschu-Dynastie für unabhängig erklärt hatte, als »Autonome Region«. **Sinkiang** seit der Revolution nur noch in loser Verbindung zu China. Sowjetischer Durchdringungsversuch, der zur Ausrufung der Unabhängigkeit führen soll, wird im letzten Augenblick durch den Einmarsch chin. Truppen verhindert. Anschließende planvolle Besiedlung dieses nur dünn besiedelten Gebiets durch junge Chinesen.

1947

Die Gesamtmongolei zurückzugewinnen gelingt nicht, nachdem sich der nördliche Teil als »*Mongolische Volksrepublik*« eng an die UdSSR angelehnt hatte. Die **Innere Mongolei** war schon durch Chiang Kai-shek – trotz sowjetischer Versuche, durch Schürung von Autonomiebewegungen auch sie in die Hand zu bekommen – zurückgewonnen worden.

Chin. Atlanten markieren die Grenze zwischen der Äußeren und Inneren Mongolei als nicht endgültig.

1946
1955

Die **Mandschurei**, seit dem japanischen Einfall als Kaiserreich Mandschukuo japanisches Protektorat, von der Sowjetunion noch kurz vor der Kapitulation Japans besetzt und industriell ausgeplündert, wird der Roten Armee übergeben; auch **Port Arthur** und **Dairen** fallen an China, den »großen sozialistischen Bruder«, als »Beweise russisch-chinesischer Freundschaft« ebenso zurück wie sowjetische Eisenbahnrechte in der Mandschurei.

2. Verhältnis zur UdSSR
14. Februar 1950

Nach dem Besuch Mao Tse-tungs in Moskau Abschluß eines *Freundschafts- und Beistandspaktes* zwischen China und der Sowjetunion für 50 Jahre: sowjetische Finanz- und Wirtschaftshilfe, Entsendung von Tausenden von Ingenieuren, Technikern und Beratern nach China zum Aufbau bzw. zur Modernisierung der Industrie und der Armee.

116

Die ersten Spannungen treten auf mit der offiziellen chin. Erklärung, die chin. Revolution sei vorbildlich für die unterentwickelten Länder und »Maos Gedanken« seien die der Zeit entsprechende Weiterbildung des Marxismus-Leninismus. Die Beziehungen verschlechtern sich wesentlich durch Maos Kritik an dem Entstalinisierungsprozeß in der UdSSR und durch die in Peking beschlossene Einführung des lateinischen Alphabets statt des kyrillischen. seit 1956
Moskau weigert sich – trotz vorheriger – Zusage, China die Atomwaffe zu überlassen.

Zum *Ausbruch des Konflikts* kommt es durch die Errichtung der Volkskommunen als Modellfälle verwirklichter kommunistischer Lebensordnung im »Großen Sprung nach vorn«. Die sowjetische Führung sieht in ihnen einen Versuch Chinas, vor der Weltöffentlichkeit die Sowjetunion auf dem Weg zum Kommunismus zu überholen und damit ihren Anspruch auf die Führungsstellung im Weltkommunismus zu untergraben.

Vor aller Welt wird der Konflikt offenkundig anläßlich der Feiern zum 90. Geburtstag Lenins durch chin. Angriffe auf die sowjetische Parteiideologie. **Chruschtschow** erwidert mit einer offenen Kampfansage auf dem III. Kongreß der rumänischen KP in Bukarest, auf welchem er Mao als einen »zweiten Stalin« und als einen wirklichkeitsfremden Extremisten bezeichnet. Einen Monat darauf erfolgt die Abberufung aller russischen Experten und Berater mit sämtlichen zeichnerischen und schriftlichen Unterlagen. Damit praktisch Beendigung des sowjetisch-chinesischen Freundschaftsvertrages. 22. April 1960

Juni 1960

Juli 1960

Mao kritisiert die sowjetische Auffassung als *Revisionismus* bzw. als *Opportunismus* und *Verrat an der Idee der kommunistischen Welt-Revolution.*

Als Hauptpunkte des ideologischen Gegensatzes werden angesehen:

sowj. Auffassung	*chin. Auffassung*
Kriege nicht mehr unvermeidbar.	Kriege sind, wie Lenin gelehrt, unvermeidlich, solange kapitalistische Staaten bestehen.
Seit der Atomwaffe ist Koexistenz notwendig.	Akzeptierung des Grundsatzes der Koexistenz, aber nur entsprechend der Lehre Lenins als taktischer Schachzug.
Beendigung der Diktatur des Proletariats mit der Etablierung der russ. KP.	Ständige Diktatur des Volkes als »Revolution innerhalb der Revolution«, nötigenfalls gegen die Partei selbst.

Festigung der Parteihierarchie.

Auch bei Staatswirtschaft ist Anreiz mit Leistungslohn und einem beschränkten Privatbereich nötig.

Ständige Infragestellung der Partei und ihrer Funktionäre durch vom Volk ausgeübte Kontrolle.

Der »neue Mensch« lehnt jegliches Besitzstreben als »bourgeoishaft« ab.

Karte 11: Das Amur- und Ussuri-Gebiet

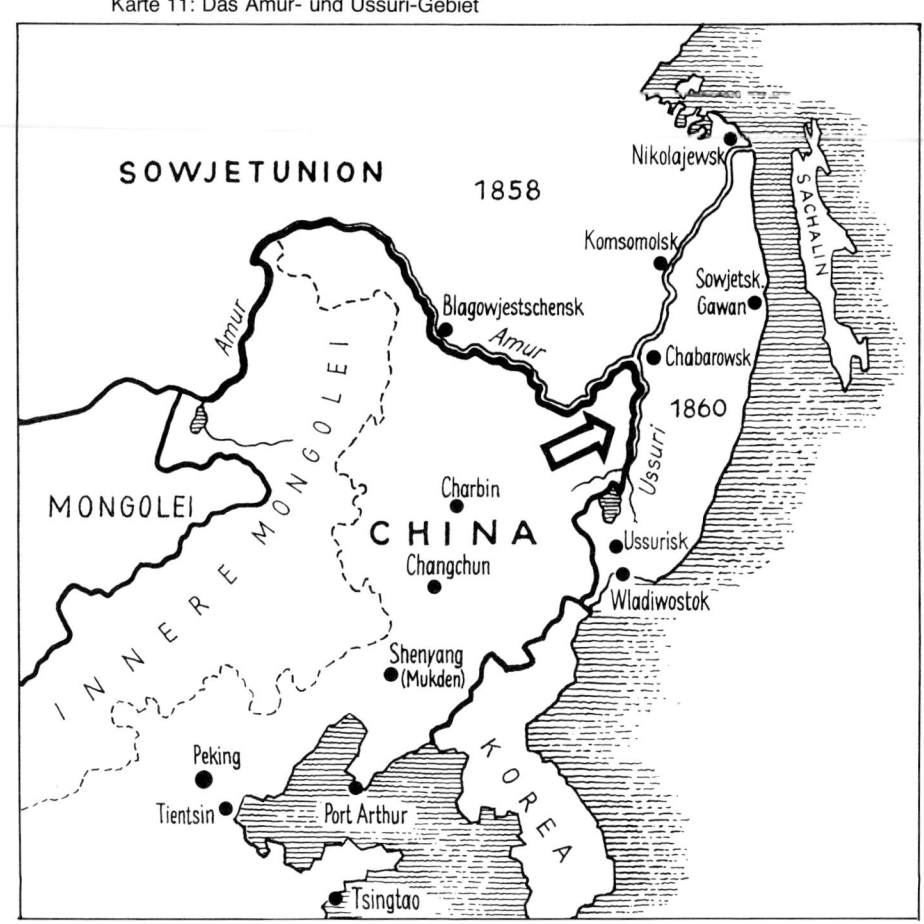

Nach dem Grenzkrieg mit Indien, in dem China seinen Vormachtanspruch in Asien demonstriert, Verschärfung der ideologischen Auseinandersetzungen, begleitet von zahlreichen bewaffneten Zwischenfällen an der sowj.-chin. Grenze in Sinkiang und im Amur-Ussuri-Gebiet. Seitdem in der chin. Propaganda wiederholte Erinnerung an das mehrfach von der sowj. Führung gegebene Versprechen, auf alle von den Zaren in China erworbenen Rechte zu verzichten, und an die Nichterfüllung dieser Versprechungen. **1962**

Der Einmarsch sowj. Truppen in die Tschechoslowakei wird von Peking als »sozialimperialistisch« und »sozialfaschistisch« angeprangert. **August 1968**

In der Verkündigung der *Breschnew-Doktrin* von der begrenzten Souveränität sozialistischer Staaten sieht die chin. Führung ein Instrument des sowjetischen Imperialismus auch für Asien. In der sowj. Propaganda Angriffe auf Mao als »Antileninisten«. **1969**

Erfahrungen der Kriegs- und Nachkriegszeit, wie Unterstützung Chiang Kai-sheks, Anerkennung Taiwans als Nachfolgestaat des »Reiches der Mitte«, Handelsembargo zur Erschwerung des wirtschaftlichen Aufbaus in China, Verhinderung der Aufnahme in die UNO, alle begründet in der amerikanischen Besorgnis, die Anerkennung der Volksrepublik würde den Weg für den Kommunismus in ganz Asien freimachen, hatten erbitterte Feindschaft gegen die USA entstehen lassen. Trotzdem auf Anregung *Chou En-lais* laufend lose Kontakte auf Botschafterebene in Warschau. **3. Verhältnis zu den USA**

ab 1955

Änderung in den Beziehungen, nachdem die USA unter dem Präsidenten **Nixon** Bereitschaft zur engeren Kontaktaufnahme mit China hatten erkennen lassen: Erleichterungen im Devisen-, Flug- und Schiffahrtsverkehr, Lockerung des Handelsembargos, Anerkennung der Volkrepublik China als legitime Vertreterin Gesamtchinas mit ständigem Sitz im Weltsicherheitsrat unter Ausschluß Taiwans. **ab 1971**

Einwöchiger *Besuch Nixons* in China mit Abschluß des *Kommuniqués von Shanghai,* nach welchem jede Art von Hegemoniestreben – auch dritter Mächte (UdSSR) – in Asien abgelehnt wird und halbamtliche Verbindungsbüros in den beiderseitigen Hauptstädten eingerichtet werden. Der vollen diplomatischen Normalisierung steht die Weigerung der USA entgegen, Taiwan die Anerkennung als »Republik China« zu entziehen und das 1954 geschlossene Verteidigungsabkommen mit Taiwan zu kündigen; China sieht in den Vorbehalten der USA eine Einmischung in innerchinesische Verhältnisse. **Februar 1972**

Wegen der gleichen amerikanischen Vorbehalte bleibt der Besuch des amerk. Präsidenten **Ford** in Peking ohne sichtbares Ergebnis. **Dezember 1975**

Gründe für die Annäherung von Seiten der USA:
Gewinnung größerer Handlungsfreiheit in der Weltpolitik;
Abbau des gefährlichen Weltdualismus durch Erweiterung zu einem Kräftedreieck,
nach amerikanischer Ansicht ohne China keine Lösung der Weltprobleme möglich.

Von Seiten Chinas:
Sicherheitsbedürfnis gegenüber der UdSSR,
Gefahr eines möglichen Zusammengehens der UdSSR und Japans, krisenhafte Entwicklung auf dem indischen Subkontinent mit verstärkter sowjetischer Einflußnahme dort.
Erleichtert wird die Hinwendung zu den USA durch die Erinnerung daran, daß sich die USA nie an dem Opiumhandel beteiligt und nie bewaffnete Interventionen gegen China unternommen haben.

4. China und die dritte Welt

Das Verhältnis Chinas zu den Ländern der dritten Welt in Asien, Afrika und Lateinamerika wird durch zwei Gesichtspunkte bestimmt:
1. Nach einer Erklärung *Liu Shao-ch'ihs* will die chin. Revolution ein Modell für die revolutionären Bewegungen in der dritten Welt sein, das allerdings nach den jeweils nationalen Bedingungen abgewandelt werden kann.
2. Versuch Chinas, diese Völker zur gemeinsamen Frontstellung gegen den »Neoimperialismus« und »Neokolonialismus« der USA und der UdSSR zu bewegen und einen Gegenpol zu der Kriegsgefahr zu bilden, die nach chin. Auffassung von den beiden Supermächten ausgeht.

April 1955

Bandung-Konferenz mit Teilnahme von 29 unabhängigen afroasiatischen Staaten als Solidaritätsdemonstration gegenüber westlicher Einmischung und als Plattform für Chinas Führungsanspruch nach den von *Chou En-lai* und *Nehru* formulierten *»Fünf Prinzipien des Friedens«* auf der Grundlage der Gleichheit, der gegenseitigen Achtung der Souveränität, der territorialen Integrität, der gegenseitigen Hilfe und der friedlichen Koexistenz.
Von da ab jeweils Aufnahme diplomatischer Beziehungen mit selbstständig gewordenen afrikanischen Staaten.
Wegen des harten chin. Vorgehens bei der Niederschlagung des Aufstandes in Tibet, wegen des Krieges gegen Indien und wegen des von Mao vertretenen Prinzips der »permanenten Revolution«, das die neuen Staaten als innere Gefahr für sich ansehen, Rückgang des chin. Einflusses.

ab 1960

Ablösung der direkten ideologischen Beeinflussung durch praktische Entwicklungshilfe nach den von Chou En-lai aufgestellten *»Acht Richtlinien für die Hilfe Chinas an andere Länder«*. Die wichtigsten sind:
Nicht Almosen gewähren, sondern Hilfestellung für Selbsthilfe,
Respektierung der Souveränität des Empfängers, d.h. Hilfeleistung ohne Verknüpfung mit Bedingungen;

120

ohne überhöhte Zinsleistungen auf Kosten des Empfängers;
das als Hilfe zur Verfügung gestellte Material muß der Güte nach internationalen Maßstäben entsprechen;
Schulung der einheimischen Bevölkerung zur Bedienung und Wartung der gelieferten Maschinen;
die entsandten chin. Spezialisten müssen sich dem Lebensstandard und den Gewohnheiten des Landes anpassen.

Die nach diesen Richtlinien gewährte Entwicklungshilfe erstreckt sich bisher auf 30–40 Länder.

Kulturpolitik unter Mao

Gestaltung der Kulturpolitik nach Maos Forderungen, daß Dichtung und Kunst einzig der Revolution zu dienen und sich den Richtlinien der KPCH unterzuordnen haben. Das führt zum revolutionären Realismus für die Massen und zu deren politischer Aktivierung.

Von Mao selbst liegen 39 Gedichte vor, mit denen er nicht nur die Tradition fortsetzt, daß in China die Mächtigen Gedichte schrieben, sondern mit denen er sich auch im Stil den Vorbildern aus der klassischen Literatur anschließt, aber auch im Inhalt, allerdings mit versuchter Synthese zwischen chin. Tradition und marxistisch-leninistischen Gedanken.

Lockerung des Zwanges während der »Hundert-Blumen-Bewegung«. Nach der Frontstellung der Partei gegen die Bewegung unter Hauptbeteiligung des stellvertretenden Propagandachefs der Partei, **Chou Yang,** der die Beachtung von Maos kulturpolitischen Richtlinien lange streng überwacht hat, verstummen die meisten Künstler und Intellektuellen. geb. 1908

Während der Kulturrevolution Intensivierung von Maos Konzeption in einer *16-Punkte-Resolution* der Partei. Danach gesamte Umformung von Erziehung, Kunst und Literatur nach radikal-revolutionären Forderungen. Auf der »Versammlung der Literatur- und Kunstschaffenden für die Große Proletarische Kulturrevolution« Ernennung von Maos vierter Frau, der ehemaligen Schauspielerin **Chiang Ch'ing,** zur »Beraterin« für die Kulturarbeit: 1966

Verbot und Zurückziehung aller bisher erschienenen Bücher, deren Inhalt nicht mit der neuen Lehre übereinstimmt;
Anti-Konfuzianismus -Kampagne;
Überprüfung des philosophischen Schrifttums nach möglichen Vorläufern der kommunistischen Ideologie.
Im *Theater* Verdrängung des traditionellen Repertoires durch Werke mit lehrhaft-revolutionärer Tendenz. Den Spielplan beherrschen vornehmlich sechs Werke: »Das weißhaarige Mädchen«, »Das Rote Frauenbataillon«,

»Die Rote Signallaterne«, »Die Eroberung des Tigerberges«, »Der Hafen«, »Der Überfall auf das Regiment Weißer Tiger«. Sie waren von Chiang Ch'ing zu »vorbildlichen Theaterstücken« erklärt worden.

Verfolgung aller nicht der Parteilinie entsprechenden Schriftsteller und Künstler.

Wiederholte Kampagnen gegen jegliche europäische Literatur und Musik als »bürgerlich-liberale Produkte«.

Umfangreiche staatliche Bautätigkeit im Stil der internationalen Architektur bei Nichtbeachtung traditioneller Vorbilder. Jedoch sorgfältige Konservierung und Restaurierung alter Baudenkmäler; Errichtung von zahlreichen *Museen*, in denen sich große Mengen noch kaum verarbeiteter Funde aus vielen Ausgrabungen befinden. Maßstäbe bei diesen Arbeiten sind neben Gesellschaftskritik in erster Linie Bewunderung und Traditionsstolz. So gelten die Kulturdenkmäler als Zeugnisse der Ausbeutung, zugleich aber als Beweise des hohen Könnens der chin. Werktätigen schon in der Vergangenheit und als Dokumente der kulturellen Kontinuität durch die Jahrtausende.

In der *Wissenschaft* und *Forschung* Schwerpunkte auf den Naturwissenschaften und auf der Technik nach den Richtlinien des »Wissenschaftlichen Planungskomitees« und der »Staatlichen Technologischen Kommission«. Aber Rückschläge im größten Ausmaße während der Kulturrevolution durch Degradierung der Wissenschaftler und durch deren »Hinunterschikkung« zu ländlichen oder industriellen Handarbeiten.

16. 10. 1964   Erste Atomexplosion in China.

1891–1978   Als rigoroser Verfechter von Maos Kulturpolitik und lange als sein Sprachrohr gilt **Kuo Mo-jo**, Präsident der Akademie der Wissenschaften, Mediziner, Archäologe, Übersetzer von Goethes Faust.

Nach dem Tode Mao Tse-tungs

Nach dem Tod des »Vorsitzenden des Staatsrates« = Ministerpräsidenten **Chou En-lai** schon Ausbruch des offenen Kampfes um die Nachfolge Maos. Er erweist sich als Fortsetzung der während des »Großen Sprungs« und der »Kulturrevolution« sichtbar gewordenen Meinungsverschiedenheiten innerhalb der KPCH-Führung.

8. Januar 1976

Zwei Pole kristallisieren sich heraus: **Chou En-lai** mit seinem engsten Mitarbeiter **Teng Hsiao-ping**, bekannt als »Leistungsfanatiker«, nach der Kulturrevolution rehabilitiert als »Stellvertretender Ministerpräsident«, Mitglied des Politbüros der KP, und die Gruppe um **Chiang Ch'ing**, die Ehefrau Maos. Ausgefochten wird der Gegensatz wie ehemals oft bei den inter-

geb. 1904

geb. 1912

nen Auseinandersetzungen am kaiserlichen Hof mit ideologisch getarnten Intrigen, historisch verbrämten Anspielungen und Parallelen und politischen Diffamierungen. Dabei spielen Machtstreben und persönliche Feindschaften eine ebensolche Rolle wie die gegensätzlichen Auffassungen hinsichtlich des weiteren Weges Chinas.

Der Gegensatz betrifft die Frage nach der Vorrangigkeit von pragmatisch-nüchterner Entscheidung oder von ideologischem Messianismus, von wirtschaftlichem Aufbau zur schnellen Angleichung an die großen Industriemächte der Welt, verkoppelt mit der aus dem Sicherheitsbedürfnis erforderlichen Modernisierung der Armee oder vom Primat oder gar von der Ausschließlichkeit der ideologischen Weiterführung der Revolution nach der Vorstellung Maos vom »neuen Menschen«.

Pointierung dieses Gegensatzes in den Schlagworten: *»Pragmatismus gegen Messianismus«*, *»Produktion gegen Ideologie«*.

Nach dem Tode Chou En-lais wird Teng als Ministerpräsident sein Nachfolger. Nach kurzer Amtszeit durch Machenschaften des »linken Flügels« der Partei – vermutlich unter dem Einfluß von Chiang Ch'ing und ihrer Gruppe – Entfernung Tengs aus allen Partei- und Staatsämtern. Drohender Ausbruch einer neuen »Kulturrevolution« gemäß Maos Forderung nach der »permanenten Revolution«.   **April 1976**

Tod **Mao Tse-tungs.**   **8. September 1976**

Versuch der sogenannten Vierergruppe (Maos Frau **Chiang Ch'ing,** der Shanghaier Webtechniker **Wang Hung-wen** – seit 1973 zu einem der Stellvertreter Maos emporgestiegen –, der Chefideologe der als besonders radikal eingestellten Shanghaier Gruppe **Yao Wen-yuan** und der Politchef der Armee **Chang Chun-chiao),** in dem entstandenen Machtvakuum die Regierungsgewalt an sich zu reißen. Das Mitglied des Politbüros **Hua Kuo-feng*** kommt der Gruppe zuvor. Sie wird als »Viererbande« gefangengesetzt.   **Oktober 1976**

Hua Kuo-feng wird auf Vorschlag des Zentralkommitees der KP Ministerpräsident und als Nachfolger Maos Parteivorsitzender.   **Oktober 1976**

Es folgen Säuberungsaktionen gegen Anhänger der Vierergruppe innerhalb der Parteihierarchie und Wiedereinsetzung vieler während der Kulturrevolution abgesetzter Spitzenfunktionäre. Ausschluß der »Viererbande« aus der Partei.

---

*   Geb. 1922 als Bauernsohn in Hunan, der Heimatprovinz Maos, Aufstieg in der Provinz-KP, während der »Kulturrevolution« mehrfache Angriffe auf ihn, seit 1969 Mitglied des ZK der KPCH, seit 1975 Mitglied des Politbüros und Minister für öffentliche Sicherheit. 1. Stellvertreter Maos als Vorsitzender des ZK und des Politbüros.

Agust 1977   Der XI. Parteitag der KPCH erklärt den »triumphalen Abschluß der großen proletarischen Kulturrevolution« und den Beginn der »großen Ordnung im ganzen Land«. Zugleich werden aber auch die Autorität Maos und seine Forderungen nach der »permanenten Revolution« und »gegen den Strom Schwimmen« betont.

März 1978   Teng einstimmig als 1. stellvertretender Ministerpräsident eingesetzt. Der Nationale Volkskongreß mit 3500 Delegierten als »oberstes staatliches Machtorgan unter der Führung der Kommunistischen Partei Chinas« (lt. der Verfassung von 1975) bestätigt die beherrschende Stellung **Hua Kuofengs** als Parteivorsitzender und Ministerpräsident. **Teng Hsiao-ping** bleibt erster stellvertretender Ministerpräsident und gilt als Schlüsselfigur für den pragmatischen Kurs gegen die »Phrasenrevolution« entsprechend seinem Ausspruch: »Wir brauchen weniger leeres Gerede, aber mehr harte Arbeit.«

Nach den vorausgegangenen internen Machtkämpfen und der damit verbundenen Unruhe scheint sich eine ruhigere Entwicklung abzuzeichnen. Wie lange und wieweit der Kurs bei der gefahrvollen Gratwanderung der neuen chin. Führung zwischen Pragmatismus, schnellem industriellen Aufbau und Liberalisierung und den im Volk und besonders in der Jugend stark verankerten »Gedanken Maos« als ideologischen Grundlagen innegehalten werden kann, ist nicht vorauszusehen.

Im einzelnen hat sich bisher die Wende in der chin. Revolution gezeigt

1. in Ergänzungen zu der Verfassung von 1975, die eine größere Legalität im Partei- und Regierungsapparat verankern und das Demokratiebedürfnis in den unteren Ebenen durch parlamentsähnliche Verfahrensregeln befriedigen sollen; vor allem auch Beachtung des Volkswillens durch Kontrolle der Funktionäre zur Verhinderung eines Funktionärstaates sowjetischer Prägung;
2. in der Erhebung des Wirtschaftsaufbaus zum Verfassungsgrundsatz. Als neuer »langer Marsch« sollen bis 1985 die Getreide- und Stahlproduktion verdoppelt, 120 Großprojekte mit Stahlkombinaten, Bergwerken und Ölfeldern errichtet werden;

März 1978   3. in der Schaffung einer »Einheitsfront« von Bauern, Arbeitern und Intellektuellen. Auf dem »*Nationalen Wissenschaftskongreß*« in Peking erklärt **Fang Yi**, einer der Stellvertreter des Ministerpräsidenten, daß China entschlossen sei, die jahrelange wissenschaftliche Isolation aufzugeben, um den Anschluß an westliche Wissenschaft und Technik zu erreichen. Rehabilitierung aller Intellektuellen und ihre weitgehende Befreiung von weltanschaulichen, ideologischen Zwängen – d.h. Pragmatismus auch in der geistigen Betätigung;

124

4. in der Abänderung der Auffassung Maos: »Alles aus eigener Kraft« durch Abschluß von Handelsverträgen mit den großen Industriemächten und durch Austausch von Wissenschaftskommissionen und Studenten zum Erwerb von westlichem Know-how;

5. in der Auffassung der neuen Wissenschaftspolitik als eine Aufgabe von strategischer Bedeutung. Entgegen der Ansicht Maos von der geringeren Einschätzung der Atombombe, aber der Wirksamkeit der Guerilla-Kriegführung Ausrüstung der Steitkräfte nach »den letzten Errungenschaften von Wissenschaft und Technik zur großen Verstärkung des nationalen Verteidigungspotentials«;

6. in der Erkenntnis von der Bedeutung der kulturellen Vielfalt für ein Volk und der kulturellen Anregungen von außen; Aufruf an Dichter, Künstler und Philosophen zu einer neuen Bewegung »Hundert Blumen blühen und hundert Gedankenschulen streiten« gemäß den Lehren Mao Tse-tungs und Hua Kuo-fengs, d.h. Liberalisierung von Literatur und Kunst. Verbreitung ausländischer Literatur in China zum »Studium sozialer Probleme«, Austausch von Künstlern zu Gastspielen;

7. in einer stärkeren Wiederaufnahme der Außenpolitik, die sich vornehmlich auf die Länder Ostasiens richtet, um dem sowjetischen Einfluß dort entgegenzuwirken. Die Bemühungen um eine internationale Antihegemonialfront werden beibehalten, wobei in der Sowjetunion der Hauptgegner gesehen wird.

Abgeschlossen im Oktober 1978

Literaturhinweise

aus dem deutschen Sprachgebiet bzw. in deutscher Übersetzung

1. Für den allgemeinen Überblick

Walter Böttger	Kultur im alten China, 1977
Wolfram Eberhard	Geschichte Chinas, 1971
C. P. Fitzgerald	Die Chinesen, das Volk der Gegensätze, Titel der Originalausgabe: China, A short cultural history, 1935
Herbert Franke und Rolf Trauzettel	Das chinesische Kaiserreich, 1968
Otto Franke	Geschichte des chinesischen Reiches, 5 Bände, 1930–1952
Wolfgang Franke	China und das Abendland, 1962
G. K. Kindermann	Konfuzianismus, Sunyatsenismus und chinesischer Kommunismus, 1963
Michael Loewe	Das China der Kaiser. Die historischen Grundlagen des modernen China, 1966
Amaury de Riencourt	Die Seele Chinas, Konstanten der chinesischen Geschichte, Titel der Originalausgabe: The Soul of China, 1958

siehe auch die Darstellungen in »Propyläen Weltgeschichte«:

A. F. P. Hulsewé	China im Altertum, Band 2,
F. W. Mote	China von der Sung-Dynastie bis zur Ch'ing-Dynastie, Band 6,
W. Franke	Chinesische Revolution, Band 10

2. Für die neueste Geschichte

Lily Abegg	Vom Reich der Mitte zu Mao Tse-tung, 1966
L. Bianco	Das moderne Asien, 1969
J. Domes	China nach der Kulturrevolution, 1975
J. Domes	Die Ära Mao Tse-tung, 1971
W. Franke	Das Jahrhundert der chinesischen Revolution 1851–1949, 1958
K.-H. Janssen	Das Zeitalter Maos, 1976
G.-K. Kindermann	Der Ferne Osten, 1970
Kuo Heng-yü	China und die »Barbaren«, 1967
Klaus Mehnert	Maos zweite Revolution, 1966
Klaus Mehnert	China nach dem Sturm, 1972
G. F. Willing	Neueste Geschichte Chinas, 1975

3. Für Spezialgebiete

Religion, Philosophie

W. Bauer	China und die Hoffnung auf Glück, 1970
A. Christie	Chinesische Mythologie, 1968
W. Eichhorn	Die Religionen Chinas, 1973

Kunst

W. Speiser	China, Geist und Gesellschaft, in der Sammlung »Kunst der Welt«, 1959
W. Speiser, R. Goepper, J. Fribourg	Chinesische Kunst, Malerei, Kalligraphie, Steinabreibungen, Holzschnitte, 1965
F. Feddersen	Chinesisches Kunstgewerbe, 1958

Dichtung

E. Feifel	Geschichte der chinesischen Literatur mit Berücksichtigung ihres geistesgeschichtlichen Hintergrundes, 1959
K. Nagasawa	Geschichte der chinesischen Literatur, 1959
R. Wilhelm	Die chinesische Literatur, im »Handbuch der Literaturwissenschaft«, 1928

Musik

H. Eckardt	Chinesische Musik, in »Musik in Geschichte und Gegenwart«, 1952
K. Reinhard	Chinesische Musik, 1956

Wirtschaft/Soziologie

F. St. Kirby	Einführung in die Wirtschafts- und Sozialgeschichte Chinas, 1955

Stichwörterverzeichnis